North Cascades (78)
San Juan Islands (57)
Seattle (132) (94)
WASHINGTON
Palouse (84–86)
Glacier (32–33)
Mount St. Helens (82)
Mount Rainier (76–77)
COLUMBIA RIVER
Columbia River (121)
Mt. Hood (121)
Ecola (55)
Willamette Valley (92)
John Day Fossil Beds (6)
OREGON
IDAHO
MONTANA
MISSOURI RIVER
NORTH DAKOTA
Yellowstone (16–19)
Grand Teton (74–75)
Crater Lake (78)
OREGON TRAIL
(120)
WYOMING
(118)
(118)
SOUTH DAKOTA
Plumas (73)
Great Salt Lake (120)
NEVADA
Rocky Mountain National Park (70)
NEBRASKA
(119)
Mono Lake (38)
CALIFORNIA
UTAH
COLORADO RIVER
COLORADO
Yosemite (36–37, 38)
Bryce Canyon (20–21)
Zion (22–23)
Glen Canyon (102–103)
Monument Valley (102)
Arches (2–3, 31)
Canyonlands (28–30)
San Juan Mountains (68)
San Juan River (98)
Maroon Bells (69)
KANSAS
Sierra Nevada (71)
Sequoia-Kings Canyon (72–73)
Santa Ynez Valley (93)
Grand Canyon (24–27)
Canyon DeChelly (97)
Taos Pueblo (101)
Chimayo (101)
Death Valley (107–109)
Sedona (98)
ARIZONA
Acoma Reservation (100)
OKLAHOMA
Channel Islands (53)
Los Angeles (130–131)
Anza-Borrego (104–105)
Petrified Forest (97)
NEW MEXICO
Sonoran Desert (98)
Carlsbad Caverns (12)
Guadaloupe Mountains (96)
TEXAS
RIO GRANDE
Big Bend (96)
St. Paul (114)
Minneapolis (114)
MINNESOTA
WISCONSIN
(89) (90)
(88)
IOWA
(91)
(115)
Chicago (127)
(90)
ILLINOIS
(88)
St. Louis (114)
MISSOURI
ARKANSAS
MISSISSIPPI RIVER
LOUISIANA
MISSISSIPPI
New Orleans (117)
Atchafalaya Basin (116)
MICHIGAN
INDIANA
OHIO
OHIO RIVER
KENTUCKY
Mammoth Cave (12)
TENNESSEE
ALABAMA
GEORGIA
FLORIDA
Cumberland Island (51)
Canaveral (52)
Big Cypress (13, 15)
Everglades (1) (14)
Atlanta (126)
Great Smoky Mountains National Park (110)
NORTH CAROLINA
SOUTH CAROLINA
Blue Ridge Parkway (110, 111)
VIRGINIA
WEST VIRGINIA
APPALACHIAN TRAIL
Washington, D.C. (126)
MD
DELAWARE
Assateague Island (50)
PENNSYLVANIA
Philadelphia (123)
NEW JERSEY
New York (124–125)
NEW YORK
Niagara Falls (10–11)
The Adirondacks (66–67)
Mt. Washington (65)
Hanover (112)
VT.
N.H.
MASS.
CONN.
Boston (122–123)
Cape Cod (49)
Mount Katahdin (113)
MAINE
Acadia National Park (8–9)
Androscoggin River (112)
Penobscot Bay (44)
Portland (45)
D1726146

Lieber Papa, liebe Christiane,
ich hoffe, daß euch das Buch an schöne Momente erinnert.
Ich wünsche euch viel Glück, frohe Weihnachten und ein
erfolgreiches 1997.

Eure Anke

1. Unvergleichliche Landstriche

❖ Acadia Nationalpark

Der französische Entdecker Samuel de Champlain landete 1604 als Schiffbrüchiger auf einer Insel vor der Küste des heutigen Staates Maine. Er gab ihr den Namen „L'Isle des monts deserts", Insel der kahlen Berge. Als die Engländer das Land 1760 in Besitz nahmen, übersetzten sie den Namen mit „Mount Desert Island". Aber die Granitfelsen, die immergrünen Wälder und die Landschaft wird vom Wasser bestimmt. Der Somes Sund, der einzige Fjord der unteren 48 Staaten, schneidet sich tief in die Insel hinein. Da der Tidenhub über vier Meter beträgt, ist die Insel von einer ausgedehnten Watzone umgeben, dem Lebensraum von Entenmuscheln, Wellhornschnecken, Taschenkrebsen und Seesternen. Auf den Klippen, wo sich die Seehunde sonnen, tummelt sich auch der Hummer, das berühmteste Schalentier des Staates. Vom Meer her treiben oft dichte Nebelschleier heran, und häufig gehen sturmgepeitschte Regengüsse und Schneefälle auf die Insel nieder.

Der Übergang zwischen Ozean und Wald erfolgt oft sehr abrupt. Nadelhölzer klammern sich an Felsen, die aus dem Meer aufragen. Dieses Bild bietet sich jedoch häufiger bei Big Sur als an der sanft ansteigenden Ostküste. Rotfichten, würzig duftende Balsamtannen und andere Nadelbäume wachsen an den Hängen des Cadillac Mountain, dem höchsten Berg an der Ostküste. 1947 fielen 70 Quadratkilometer des Nadelwaldes einem Waldbrand zum Opfer. Das schuf Raum für sonnenhungrige Laubbäume wie Espen und Birken, deren goldenes Blattwerk das herbstliche Bild der Insel belebt, das vom leuchtenden Rot der niedrigen Heidelbeersträucher unterbrochen wird. Von der nordwestlichen Pazifikküste stammende Lupinen sorgen für blau-violette Farbtupfer auf den Sommerwiesen.

Mit dem Dampferverkehr wurde Mount Desert als Erholungsgebiet zugänglich. Die Landschaftsmaler Thomas Cole und Frederic Church machten diese eindrucksvolle Landschaft populär. In der Nähe der Hafenstädtchen und zwischen den Klippen entstanden Sommerdomizile, vom einfachen viktorianischen Holzhäuschen bis zur eklektizistischen Gründerzeitvilla. Um die natürliche Schönheit der Insel zu erhalten, schenkten ihre Bewohner im Jahre 1913 dem Staat 25 Quadratkilometer Land, und 1919 wurde Acadia der erste Nationalpark östlich des Mississippi. Wohlhabende Gönner stifteten weiterhin Land. Die Familie Rockefeller baute Transportwege, die heute als Wanderwege dienen. Heute umfaßt dieser Nationalpark 154 Quadratkilometer der Insel Mount Desert, außerdem einige kleinere Inseln (Baker, Bald Porcupine, Bar und die Isle au Haut) sowie einen Teil der Halbinsel Neuschottland.

Aufsteigender Nebel über Cadillac Mountain.

9

Oben: Dieses Panoramabild wurde auf dem 466 Meter hohen Gipfel des Cadillac Mountain aufgenommen. Auf der rechten Bildseite ist die Stadt Bar Harbor zu sehen.

Unten links: Rauhreifbedeckte Heidelbeersträucher.

Unten rechts: Otter-Klippen.

❖ Niagara-Fälle

D ie Niagara Fälle liegen zwischen dem Eerie- und dem Ontario-See, den öst-lichsten der großen Seen, von denen aus der St. Lawrence in Richtung Atlantik fließt. Das Wasser von vier der Großen Seen, die ein Viertel des Kontinents bedecken, donnert an dieser Stelle über eine steile Felskante in die Tiefe. Die American und die Luna Falls auf der amerikanischen und die Horseshoe Falls auf der kanadischen Seite sind zusam-men etwa 1100 Meter breit. Die durchschnitt-liche Höhe der Fälle beträgt 50 Meter, bis zum Ontario-See muß das Wasser aber einen Höhenunterschied von insgesamt 100 Meter zurücklegen, weshalb auf die Fälle zahllose Stromschnellen folgen. Der Niagara River

befördert etwa 5700 m³ Wasser pro Sekunde, aber aufgrund eines Abkommens zwischen den USA und Kanada läßt man in den Som-mermonaten tagsüber höchstens die Hälfte davon die Fälle hinunterbrausen – im Winter und nachts nur ein Viertel. Dreiviertel der Wassermassen werden für das Niagara Power Projekt abgeleitet, das zu den größten Wasser-kraftwerken der westlichen Welt zählt. Die gewonnene Energie geht zu gleichen Tei-len an Kanada und die USA. Nach Einschät-zung der Geologen trägt die Reduktion der herabstürzenden Wassermassen zu einer Verlangsamung der Erosion bei und begün-stigt so den Erhalt der Fälle in ihrer heutigen Form, damit auch weiterhin jährlich etwa zehn Millionen Besucher dieses großartige Naturschauspiel bewundern können.

Links: Ein Ausflugsboot fährt bis nahe an die Gischt der American Falls.

Rechts: Die Niagara-Fälle, von der kanadischen Seite aus gesehen.

❖ Mammoth Cave Nationalpark
❖ Carlsbad Caverns Nationalpark

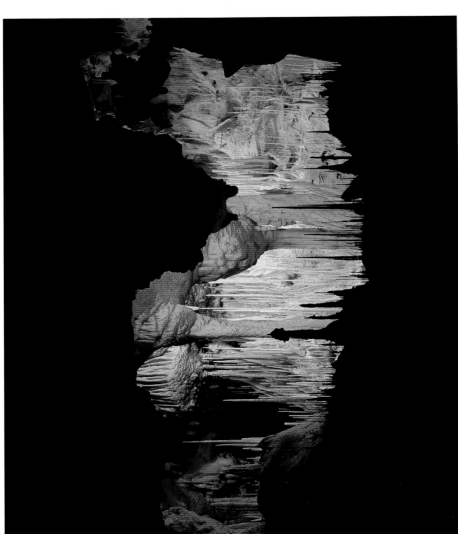

Mammoth Cave ist das größte bekannte Höhlensystem der Welt. Etwa 480 Kilometer wurden bereits erforscht und vermessen. Durch die Höhlen fließt der Echo River, säurehaltiges Wasser, das durch feine Risse im Kalksteinplateau unter den Bergen der heutigen Staaten Tennessee und Kentucky sickerte, löste den Stein im Lauf von Jahrmillionen auf. Wenn Wasser durch Gestein sickert, reichert es sich mit Kalziumkarbonat an, das sich in Form von Tropfsteinformationen ablagert, den vom Boden in die Höhe wachsenden Stalagmiten und den von der Höhlendecke nach unten wachsenden Stalaktiten. Wo das Wasser nicht tropft, bilden sich komplexe Fließsteinformationen, wie die über 20 Meter hohe Kaskade „Frozen Niagara".

Im Carlsbad Caverns Nationalpark befinden sich unter der Wüste New Mexicos, in etwa 230 Meter Tiefe, trockene Höhlen von gewaltigem Ausmaß. Mehr als 60 Höhlen wurden bisher in dem 190 Quadratkilometer großen Park entdeckt. Seine Berühmtheit jedoch verdankt der Park ebenso den Fledermäusen, die seit Jahrtausenden den Sommer in einer der oberen Kammern verbringen. Viele der 50 nordamerikanischen Arten wurden hier gesichtet. Bei Sonnenuntergang wirbeln dann 5000 Fledermäuse pro Minute aus dem

Höhleneingang und bilden eine lebendige Wolke. In kürzester Zeit verschlingen sie Tonnen von Insekten.

Der Big Room in Carlsbad umfaßt etwa 60000 Quadratmeter. Unter seinem Gewölbe könnte man einen dreißigstöckigen Wolkenkratzer errichten. Die Temperatur im Inneren der Höhle beträgt immer exakt 13 °C, obwohl es in der hochgelegenen Wüste New Mexicos tagsüber sengend heiß und des nachts bitterkalt ist. Klimaveränderungen spiegeln sich auch in den Gesteinsformationen. Wenn es reichlich mineralhaltiges Wasser gibt, entwickeln sich kräftige Stalagmiten und Stalagmiten, um schließlich zu massiven Säulen zusammenzuwachsen. Ist das Wasser knapp und die Luft trocken, bilden sich nur schlanke Stalaktiten, weil die Feuchtigkeit verdampft, bevor sie zu Boden fallen kann. In Carlsbad finden sich beide Formen und verweisen auf die erdgeschichtliche Entwicklung. Vor Jahrmillionen war der Südwesten des nordamerikanischen Kontinents von einem riesigen Meer bedeckt, das nach und nach austrocknete und sich zu der heutigen Wüste entwickelt hat.

Rechts: Stalaktiten und Stalagmiten haben in der Mammoth Cave eine gewaltige Kalksteinformation gebildet, die „Frozen Niagara".

Unten: Carlsbad Caverns, Painted Grotto. Herunterwachsende schlanke Stalaktiten zeugen von dem trockenen Klima ihrer Entstehungszeit.

❖ Everglades Nationalpark
❖ Big Cypress Naturschutzgebiet

Der Everglades Nationalpark und das Naturschutzgebiet Big Cypress sind zwei miteinander verbundene Naturreservate an der Südspitze Floridas, nur 120 Kilometer nördlich des Wendekreises des Krebses. Zusammen bilden sie das größte unberührte subtropische Gebiet der Vereinigten Staaten. Wo sich Salz- und Süßwasser vermischen, gedeihen Mangroven. Sie bedecken auch die Keys, die kleinen Inseln vor der Küste. Hier und da ragen aus dem Sumpf kleine, baumbestandene Kalksteininseln auf, die sogenannten Hammocks. Sie unterbrechen die Savannen aus Seggen und Riedgräsern, die sich über Hunderte von Kilometern erstrecken. Die Landschaft wird hauptsächlich von Gras und Wasser geprägt, weshalb die Indianer dem sumpfigen Fluß den Namen „Pahayokee" (grasiges Wasser) gaben.

Der träge dahinströmende Wasserlauf bedeckt ein Gebiet von 13000 Quadratkilometern. Der Fluß, als solcher kaum zu erkennen, beginnt am Okeechobee-See und mündet nach etwa 200 Meilen in die Florida Bay. Im Jahreslauf schwankt der Wasserspiegel, ist aber nie viel tiefer als ein paar Zentimeter. Mit dem Frühling beginnt die nasse Jahreszeit, und während der Sommermonate kommt es immer wieder zu monsunähnlichen Stürmen. Im Herbst und Winter hört das Wasser auf zu fließen, und es entstehen Brände. Die Flammen vernichten riesige Berge von trockenem Laub und verbrennen das trockene Riedgras, so daß es sich regenerieren kann. Die Sumpfkiefern und die Hammocks verfügen über einen natürlichen Feuerschutz und können die Brände überleben. Hurrikans, wie etwa der Wirbelsturm „Andrew" im Jahre 1992, und Feuer sind die Regulative dieses Ökosystems. Sie sorgen dafür, daß die Everglades nicht zu einem tropischen Dschungel werden.

Hunderte von Hammocks ragen aus den Süßwassersümpfen auf, dichtbewachsen mit moosbedeckten immergrünen Eichen, Mahagonibäumen und anderen exotischen Bäumen, wie dem Gumbo Limbo, den man auch „Touristenbaum" nennt, weil er eine leuchtend rote Rinde hat, die sich pellt wie die Haut beim Sonnenbrand. Höher gelegen, drängeln sich Sumpfkiefern. Dort wo es etwas trockener ist, gedeihen Zypressen und Palmen.

Einige Zypressen können bis zu 30 Meter hoch werden, und obwohl sie zu den Koniferen gehören, verlieren sie in gewissen Abständen ihr Laub.

Die Everglades sind der größte Nationalpark östlich des Mississippi und erfreuen sich
großer Beliebtheit. Jährlich locken sie mehr
als eine Million Besucher an. Es handelt sich
bei den Everglades um ein komplexes Öko-
system, das unzähligen Tierarten Lebensraum
bietet. „Nocturnal limpkins", wegen ihres
wehmütigen Pfeifens auch „crying birds"
genannt, gibt es in den USA nur hier und in
den Louisiana Bayous, wo sie Jagd auf Apfel-
schnecken machen. Auch Milan, Weichschild-
kröten, Flußotter und Alligatoren ernähren
sich von diesen reichlich vorhandenen
Weichtieren. Durch seinen langen Hals kann
der Anhinga auch unter Wasser fischen. Wie
der ihm verwandte Kormoran muß er seine
Federn trocknen lassen, um wieder fliegen zu
können. Beiden Vögeln fehlt das Bürzelöl,
das Gefieder anderer Wasservögel vor Durch-
nässung schützt. Rosafarbene Löffelenten,
schneeweiße Silberreiher und braune Pelikane
bauen im Wurzelwerk der Mangroven ihre
Nester. Die brackigen Salzwassersümpfe der
Florida Bay sind das einzige Gebiet in den
USA, wo es Krokodile gibt.

Oben: Mangrovenbäume erheben sich über dem
Brackwasser. Ihre Wurzeln ragen aus dem Wasser, weil
sie im dichten Schlamm nicht atmen können.

Unten: Lavendelfarbene Wasserhyazinthen bedecken
die Wasseroberfläche eines Seitenarms. Schlanke Zypressen säumen das Ufer.

Rechts: Wilde Lilien und ein Palmenhain markieren
die Küstenebene.

Gegenüber: Cabbage-Palmen und Sumpfkiefern.

❖ Yellowstone Nationalpark

D er Yellowstone, Amerikas erster Nationalpark, wurde 1872 gegründet und war lange
das flächenmäßig größte amerikanische
Naturschutzgebiet. Der Yellowstone umfaßt 8992
Quadratkilometer und erstreckt sich bis nach
Montana und Idaho. Der weitaus größte Teil des
Parks liegt jedoch in Wyoming. Die abwechslungsreiche und eindrucksvolle Landschaft des Yellowstone wurde vor langer Zeit von den vier Elementen,
Feuer, Wasser, Luft und Erde, geschaffen. Als sich
1830 die ersten Weißen dorthin wagten, nannten sie
ihn „den Platz, wo die Hölle hervorsprudelt". Das
außergewöhnliche Erscheinungsbild dieser Wildnis
zog jedoch auch die Aufmerksamkeit der Wissenschaftler auf sich, die in der zweiten Hälfte des
19. Jahrhunderts die in Richtung Pazifik erweiterte
Westgrenze der Vereinigten Staaten kartographisch
festlegten. Der Fotograf William Henry Jackson und
der Maler Thomas Moran waren maßgeblich am
Erhalt von Yellowstones einzigartiger Schönheit
beteiligt. Thomas Morans monumentales Gemälde
der „Lower Falls of the Yellowstone River", hing in
der Rundhalle des Capitols, und vor der Abstimmung
über den Antrag zur Schaffung des Yellowstone
Nationalparks erhielt jeder Kongreßabgeordnete eine
Mappe mit Jacksons Bildern.

Der einstige Trapper Bill Bridger erzählte von
Fischen, die im kalten Wasser am Grunde einer
Quelle gefangen wurden und gekocht an die Oberfläche kamen, nachdem sie an der Angelschnur durch
siedendes Wasser nach oben gezogen worden waren.
Diese phantastischen Geschichten könnten jedoch
ziemlich genau auf den Firehole River zutreffen, der
neben seinem Forellenreichtum die größte Ansamm-
lung von Geysiren (ungefähr 300) verzeichnen kann.
Von den 10000 eindrucksvollen Thermalquellen des
Parks ist der Old Faithful Geysir wohl die berühmte-
ste. Dieser Geysir erhielt seinen Namen von Henry
Washburn, dem Hauptverwalter des Montana Territo-
ry, der 1870 eine Expedition zum Yellowstone leitete.
Die Abstände zwischen den Ausbrüchen des Old
Faithful schwanken zwischen einer halben und zwei
Stunden; ihre Länge (1 bis 5 Minuten) und ihre
Stärke (durchschnittlich 26.530 Liter) können anhand
vorheriger Ausbrüche relativ genau berechnet werden.
Er ist zwar nicht der größte Geysir des Parks, aber
der publikumsfreundlichste: Es gibt nämlich durchschnittlich 22 „Vorstellungen" am Tag. Die brodeln-
den Schlammkrater entstehen durch Gasschübe, die
auch in die unterirdischen Wasserbecken gelangen
und dort das Gestein auflösen. Am Mammoth Hot
Springs, im nordwestlichen Winkel des Parks, bildeten sich gleichmäßig strömendes säure- und
kalksteinhaltiges Wasser Sinter-Terrassen. Die seltsa-
me Farbe der Thermalbecken wird von Algen verur-
sacht, die bei Temperaturen von 49 bis 74 °C bestens
gedeihen und das tiefe Blau des säurehaltigen Was-
sers entsprechend ihrer Wachstumsdichte verändern.

Dieses kochende Wasser erinnert daran, wie
dünn unsere Erdkruste ist: Nirgendwo auf der Welt
liegt das heiße Innere unseres Planeten so dicht
unter der Erdoberfläche wie hier, wahrscheinlich
beträgt der Abstand weniger als 8 Kilometer.

Links: Frühmorgens am Firehole River.
Rechts: Die Sinter-Terrassen am Mammoth Hot
Springs bildeten sich, weil hier das heiße Wasser
durch Kalkstein fließt und nicht durch Lava, wie in
den anderen Gebieten des Parks.

In der dritten und letzten Epoche heftiger vulkanischer Aktivitäten, vor ungefähr 600 000 Jahren, brachen überhitzte Gase und geschmolzenes Gestein durch die Erdoberfläche und überschwemmten ein weites Gebiet. Diese Explosion war sicherlich eine der heftigsten, die die Erde jemals erlebt hat. Einige Geologen schätzen, daß dieser Ausbruch 200mal stärker war als der des Krakatoa in Indonesien 1883, dessen Explosion noch im entfernten Australien zu hören war. Der Vulkan stürzte in sich zusammen und bildete einen riesigen, elliptischen Krater, mit einer Tiefe von 1600 Metern und einem Durchmesser von bis zu 80 Kilometern. Gletscher gaben ihm seine endgültige Gestalt und schufen damit das jetzige Landschaftsbild von Yellowstone. Durch die Wechselwirkung zwischen diesem alten Vulkanismus unter der Erdoberfläche und dem atmosphärischen Niederschlag wird diese einzigartige Landschaft immer wieder aufgefüllt und erhalten.

Ein weiteres beherrschendes Element dieser Landschaft ist kaltes Wasser. Der Yellowstone Lake hat einen über 160 Kilometer langen Uferstreifen und eine 352 Quadratkilometer große Wasserfläche. Sein Wasser wird nie wärmer als 5 °C. Der Yellowstone River fließt vom See in Richtung Norden und über eine Länge von 24 Kilometern durch eine steil abfallende, bis zu 460 Meter tiefe Schlucht, mit dem erstaunlichen, gelben Stein, dem der Park seinen Namen verdankt. Bei Upper Falls zwängt sich der Fluß durch eine enge Spalte und macht einen weiten Bogen, bevor er schließlich bei Lower Falls 94 Meter tief (ungefähr die doppelte Höhe der Niagara-Fälle) in den Grand Canyon des Yellowstone Parks hinabstürzt.

Kiefern bestimmen das Bild der Wälder, die 80 Prozent des Parks bedecken. Den schmalen, geraden Stamm benutzten die Indianer vorzugsweise als Mittelstange für ihre Wigwams. Anders als einige Zypressen, deren dicke Borke sie weitgehend vor Feuer schützt, werden diese Kiefern leicht Opfer der Flammen, so bei dem verheerenden Brand im Jahre 1988. Wiederaufforstungen sind im Yellowstone Park bereits erfolgreich durchgeführt worden. An anderer Stelle im Park stehen die versteinerten Überreste von Wäldern, die bei wiederholten Vulkanausbrüchen immer wieder unter Lava begraben wurden.

Rechts: Winter am Castle (Geysir).

Gegenüber:
Links: Der Fluß stürzt an den Lower Yellowstone Falls 94 Meter tief in einen herrlichen Canyon.

Tiere überdauern die eisigen Winter: Elch (**oben links**), Dickhornschaf (**oben rechts**) und Kojote (**unten**).

✿ Bryce Canyon Nationalpark

Ausgewaschene, gelblich rote Klippen findet man in Bryce Canyon, der sich 322 Kilometer entfernt vom Grand Canyon erstreckt. Sie bilden die jüngste Gesteinsschicht einer stufenförmigen Felsformation, die mehr als 150 Millionen Jahre geologischer Entstehungsgeschichte sichtbar werden läßt. Der Hebung des Colorado-Plateaus folgte eine Erosionsphase, die eine Reihe nach Süden gerichteter, verschiedenfarbiger Klippen mit unterschiedlich alten Gesteinsschichten entstehen ließ, "the Grand Staircase" (die große Treppe). Die älteste, im Zion Nationalpark entdeckte Gesteinsformation war der Kaibab-Kalkstein, zugleich das jüngste Gestein des Grand Canyon. Die geologische Geschichte dieser Region beginnt bei einer zwei Milliarden Jahre alten Schieferart am Grunde des Grand Canyon, sie setzt sich fort über die braunen, zinnoberroten, weißen und grauen Felsen bis hin zur jüngsten Formation, den rosafarbenen Felsen des Bryce Canyon.

Eozäne Gesteinsschichten kennzeichnen den Bryce Canyon. Zahlreiche Risse und herabgefallene Felsbrocken säumen die Wanderwege und verweisen auf die fortschreitende Auflösung des Gesteins. Trotzdem werden auch weiterhin abertausend wundervoll gefärbte Felsspitzen als Vermächtnis der geologischen Evolution zu bewundern sein. Diese Formationen sind, wie die Badlands, ziemlich instabil: Der weiche Kalkstein wird so schnell abgetragen, daß der Rand des Canyons alle 50 Jahre um ungefähr 30 Zentimeter zurückgeht.

Wenn man sich diesem Nationalpark über die mit Gelbkiefern bedeckte Hochebene nähert, deutet noch nichts auf das einzigartige Wunderland hin, das sich in der Schlucht befindet. Im hufeisenförmigen Becken stehen Tausende kahle, blaßrot marmorierte Felsspitzen, die die Phantasie des Besuchers anregen. Der Name, den die Paiute-Indianer dieser Felsformation gaben, bedeutet wörtlich „viele rote Felsen stehen wie Männer im Loch" und verweist auf die Legende von den Geistern, die von ihrem Anführer in Steine verwandelt wurden, weil sie stumm stehen geblieben waren, nachdem er sie getadelt hatte. Einzelne Felsen wurden nach bekannten Persönlichkeiten, wie Queen Victoria und dem Papst, benannt; andere erhielten sehr phantasievolle Bezeichnungen, wie Mormonentempel, Chinesische Mauer, Kathedrale, Garten der Königin und schweigende Stadt.

Auf dieser winterlichen Ansicht des Amphitheaters im Bryce Canyon Nationalpark werden die abgetragenen Flächen von einer hauchdünnen Schneeschicht hervorgehoben, und das schräg einfallende Licht der Morgendämmerung zaubert verblüffende Farben.

❖ Zion Nationalpark

Der von der Nordgabelung des Virgin River bewässerte, steilwandige Canyon, die packende Fahrt durch die Tunnel des Zion-Mount Carmel Highway und die Aussicht auf die imposante Landschaft, das ist es, was die Besucher des Zion Nationalparks zunächst am meisten beeindruckt.

Ein großer Teil der 595 Quadratkilometer dieses im Südwesten des Staates Utah gelegenen Nationalparks ist nur Wanderern zugänglich. Seine Wanderwege zählen zu den beeindruckendsten der Welt. Felsen mit intensiven Farbschattierungen fallen zu 600 Meter tiefen Schluchten ab, durch die ein 20 Kilometer langer Pfad („the Narrows") führt, der an einigen Stellen nur sechs Meter breit ist und dem Virgin River in Richtung Norden folgt. Der nördliche Teil des Parks ist höher gelegen (bis 2750 Meter). An den Rändern der schroffen Canyons konnten sich Nadelwälder ansiedeln.

Das üppige Grün des Flußufers und der kühle Schatten des Zion Canyon bilden einen Gegensatz zur kargen Wüstenlandschaft, die den Park umgibt. Die ersten mormonischen Pioniere glaubten, einen Hafen des Friedens und der Zuflucht gefunden zu haben, und nannten das Gebiet „Zion", „Platz des Allerheiligsten". Andere, frühere Besucher drückten ihre Ehrfurcht vor den hochragenden Felsblöcken durch Namen wie Tabernacle Dome, Angels Landing, The Great White Throne und Guardian Angel (für die doppelte Bergspitze) aus.

Besonders typisch für diesen Nationalpark ist der Navajo-Sandstein, entstanden aus den riesigen Sanddünen, die einen großen Teil des Südwestens in der frühen Juraperiode bedeckten. Dem Virgin River und seinen Nebenflüssen verdanken wir den Canyon. Doch auch heute noch löst das durch den porösen Sandstein rinnende Wasser Gesteins- und Erdrutsche aus und bewirkt so kontinuierliche Veränderungen im Landschaftsbild. Die 95 Meter lange, natürliche Brücke Kolob Arch ist ein beeindruckendes Beispiel dafür, wie die strukturelle Spannung eines Felsgesteins die Gesetze der Schwerkraft überwinden kann. Merkwürdige, pilzförmige Gesteinsformationen vulkanischen Ursprungs, die sogenannten Hoodos, säumen den Osteingang des Parks und wirken wie die stummen Wächter der angrenzenden Wüste.

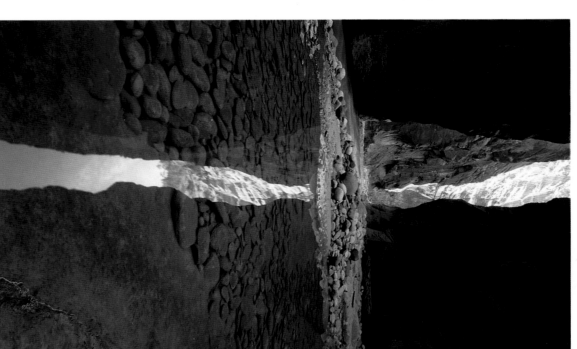

Oben links: Wanderer waten durch den Virgin River und folgen dem feuchten Narrows-Pfad.

Oben rechts: Kolob Arch ist der längste freistehende Felsbogen im Südwesten.

Unten: Panoramablick über die südlichen Bergspitzen vom Zion-Mount Carmel Highway.

Gegenüber: Angels Landing ist ein Meilenstein auf der malerischen Fahrt durch den Zion Canyon.

❖ Grand Canyon Nationalpark

Diese gewaltige Schlucht im Nordwesten Arizonas gibt Aufschluß über die geologische Unterschicht der Erdkruste. Im Lauf von Jahrmillionen wurde der Grand Canyon vom Colorado River, seinen Nebenflüssen und anderen Erosionskräften in den Felsen gemeißelt. Seine Gesteinsformationen – rote, graue und ockerfarbene Klippen, riesige terrassenförmige Stufen, Felstürme, Spitzkuppen und Tafelflächen von gewaltigen Ausmaßen – formen eine unendlich weite und abwechslungsreiche Landschaft. Je nach Wetterlage und Lichteinfall bietet sich dem Betrachter ein ständig wechselndes Bild.

Der Naturwissenschaftler John Muir führte die Faszination des Grand Canyon auf anderem auf die topographische Lage zurück und schrieb im Jahre 1901: „Er liegt mitten im Waldplateau versenkt, so daß man so lange nichts von ihm sieht, bis man an seinem Rand steht und wie gebannt auf das unermeßlich reiche Farbspektrum und die skulpturartigen Gesteinsformationen vor und unter sich sieht."

Der Colorado River liegt etwa 1600 Meter unter dem Canyonrand und schlängelt sich über 446 Kilometer Länge durch die 4921 Quadratkilometer des Nationalparks. Der erste spanische Forscher, García López de Cárdenas, der den Colorado River im Jahre 1540 nur flüchtig aus 16 Kilometer Entfernung und vom 1600 Meter hohen Canyonrand aus zu sehen bekam, täuschte sich in der Annahme, daß dieser Fluß nur ungefähr zwei Meter breit wäre. 300 Jahre vergingen, bis der Fluß im Jahre 1869 endgültig von einem Team unter Leitung des Bürgerkriegsveteranen Major John Wesley Powell und unter der Schirmherrschaft des amerikanischen Instituts für geologische Forschung vermessen wurde.

Die älteste Gesteinsschicht des Canyon stammt aus der Periode des frühen Präkambriums (vor ungefähr 2 Milliarden Jahren): die dunklen, steil abstürzenden Felswände entlang der Schlucht, die durch vertikale Felskanten, „Schieferungen" genannt, gekennzeichnet sind. Der Redwall-Kalkstein, bildet in bis zu 150 Meter hohen Steilklippen die vorherrschende Formation im Marble Canyon.

Die jüngste Gesteinsschicht im Canyon besteht aus grauem und cremefarbenem, 250 Millionen Jahre alten Kaibab- und Toroweap-Kalkstein. Die Höhe des südlichen Randes schwankt zwischen 1830 und 2300 Metern; der Nordrand ist bis zu 600 Meter höher. Diese gewaltigen Höhenunterschiede sorgen für gegensätzliches Klima. Der südliche Teil ist ein Wüstengebiet mit weniger als 250 mm Niederschlag im Jahr. An beiden Canyonrändern gedeihen verschiedene Büsche, Pinien und Wacholder; jährliche Niederschläge von 770 mm am nördlichen Rand schaffen den idealen Lebensraum für subalpine Fichten- und Espenwälder und bunte Wildblumenwiesen.

Links, oben und unten: Auf diesen Aufnahmen vom Grand View Point, einer 1900 Meter hohen Erhebung, im Canyonlands Nationalpark sind Junction Butte und andere markante Formationen des Monument Basin zu sehen, die sich über das als „White Rim" bekannte Sandsteinplateau in der Nähe des Zusammenflusses von Colorado und Green River erheben.

Landscape Arch, eine natürliche Brücke im Arches Nationalpark.

✤ Arches Nationalpark

In diesem 296 Quadratkilometer großen Naturschutzgebiet in der hochgelegenen Wüstenregion im Osten von Utah gibt es mehr natürliche Steinbögen als irgendwo anders in der Welt. Die Felsbögen sind das Ergebnis von Salzablagerungen, die nach mehreren, vor 300 Millionen Jahren einsetzenden Landüberflutungen, zurückblieben. Später wurden sie unter sedimentären Gesteinsschichten begraben, die schließlich Wölbungen,

Aushöhlungen, und Kuppen bildeten, deren Kern aus Salz bestand. Während der letzten zehn Millionen Jahre haben die Erosionskräfte das Salz abgetragen und aus dem Sandstein imposante Gewölbeformationen modelliert. Der Schriftsteller Edward Abbey, der als Ranger im Arches Nationalpark tätig war, beschrieb diesen „Felsgarten": „Trotz seiner vielfältigen Fauna und Flora, besteht der größte Teil des Parks (...) aus Sand oder Sandstein, und wirkt nackt, monolithisch, karg und schmucklos wie eine Mondlandschaft."

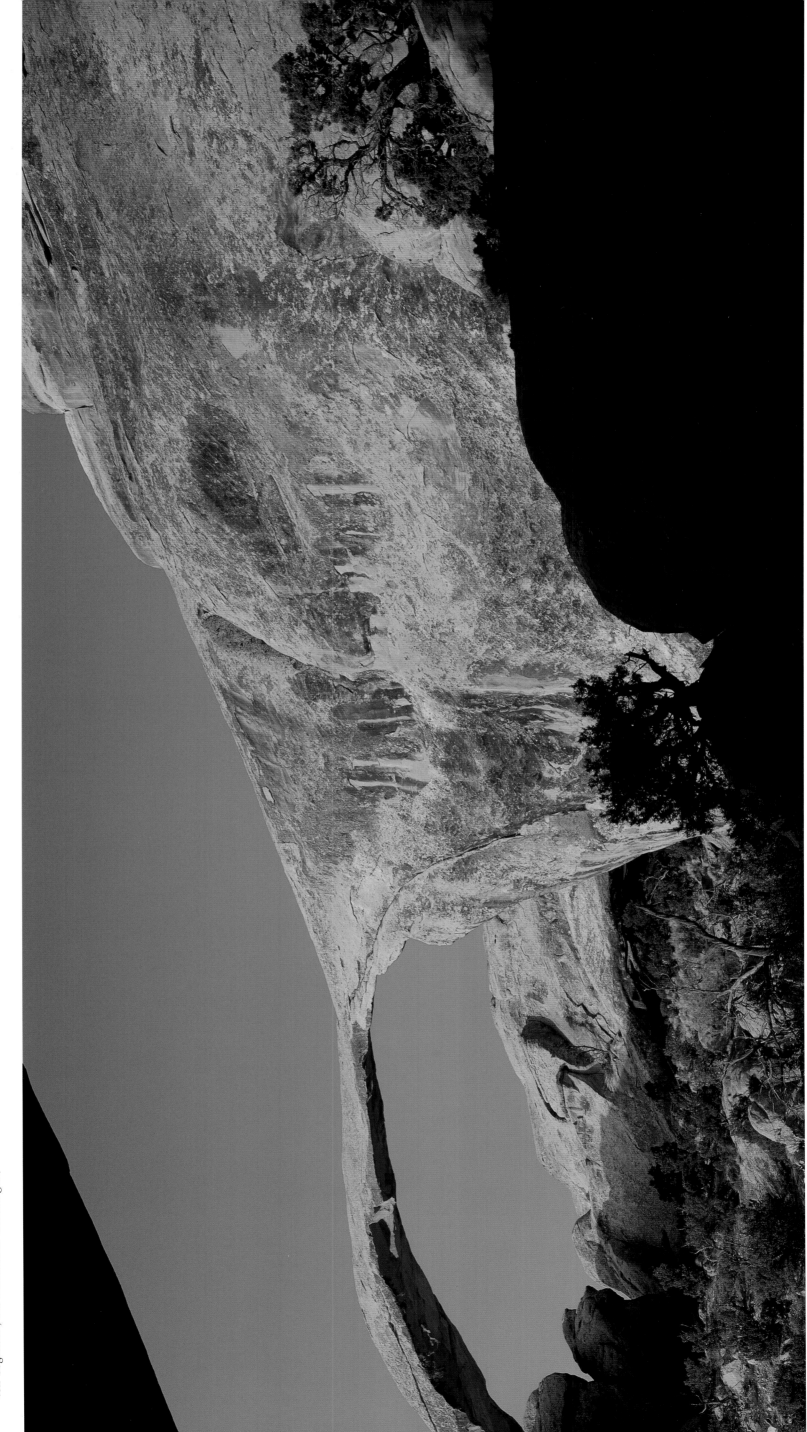

❖ Glacier Nationalpark

Im 3975 Quadratkilometer großen Glacier Nationalpark in Montana wurde die nördlichste Bergkette der amerikanischen Rocky Mountains unter Naturschutz gestellt. Durch den Park führen Wanderwege 1200 Kilometer entlang der kanadischen Grenze. Zusammen mit dem benachbarten Waterton Lake National Park in Kanada erhielt der Glacier Park den Titel eines Internationalen Friedensparks. Kahle, terrassenförmige Bergspitzen ragen über der Baumgrenze empor; die Schneefelder an den Berghängen bilden einen starken Kontrast zum dunklen Gestein. Die Gebirge wurden von Gletschern geformt. Noch sind 50 jüngere Gletscher aktiv. Verglichen mit ihren Vorgängern arbeiten sie jedoch im Schneckentempo und kommen jährlich nur neun Meter voran.

Die Große Wasserscheide (Continental Divide) teilt die Wassermassen auf in jene, die westlich in den Pazifik fließen, und jene, die in das Gebiet Missouri/Mississippi strömen. So entstehen unterschiedliche Klimazonen: Die feucht-milde westliche Region und das rauhere, trockenere Präriegebiet im Osten. Im tiefer liegenden McDonald Valley, entlang der Going-to-the-Sun-Straße, beschatten Zedern und Hemlocktannen den moosigen Waldboden; Lodgepole-Kiefern und Douglas-Tannen gedeihen auf den höhergelegenen

Hängen. Vom Logan-Paß (2036 Meter), wo die Straße die Große Wasserscheide kreuzt, fällt der Blick auf zahlreiche Zeugnisse von Gletscheraktivitäten: abschüssige Täler, trichterförmige Gebirgsbecken („Kare") und kleine Bergseen, die, weit oberhalb des Grundwasserspiegels, von zurückweichenden Gletschern gespeist werden. Der östliche Teil der Straße führt am schmalen, von Espen gesäumten Saint Mary Lake entlang, dann durch eine Übergangszone in Richtung Prärie.

Der Glacier Nationalpark beheimatet Grizzlybären, deren Hauptbeute die im McDonald Creek laichenden Lachse sind. Vorbeiziehende Dickhornschafe und Gebirgsziegen wirken wie weiße Tupfer auf den zerfurchten Gipfeln. Während der kurzen Sommermonate sind die Berge übersät mit leuchtend bunten Wildblumen, zu denen alpiner Hahnenfuß, Gauklerblume und Enzian zählen.

Oben: Bach am Rand der Going-to-the-Sun-Straße.

Unten: Gebirgsblumenwiese in der Nähe des Logan-Passes.

Rechts: Gebirgsziegen erklimmen die schroffe Berglandschaft in der Nähe der Großen Wasserscheide.

Gegenüber: Die untergehende Sonne läßt die zerfurchten Bergspitzen oberhalb des Saint Mary Lake erglühen.

❖ Redwood Nationalpark
❖ Muir Woods Nationaldenkmal

R edwoods", die größten Bäume der Welt, die häufig mit gotischen Kathedralen verglichen werden, gehören auch zu den langlebigsten. Diese Langlebigkeit spiegelt sich auch in ihrem botanischen Namen „sequoia sempervirens", „ewig lebende Sequoie", wider. Ausgewachsene Exemplare sind nahezu unzerstörbar. Ihre durchschnittliche Lebensdauer beträgt 500 Jahre, doch sind auch 2000 Jahre alte Bäume nicht ungewöhnlich. Ihr Lebensraum ist ein enger Küstenstreifen im Norden Kaliforniens, nicht mehr als 30 Kilometer entfernt von den feuchten Winden und Nebeln des Pazifik. Auf ihn verweist der volkstümliche Name „Küsten-Sequoie", der sie von den in der Sierra Nevada gedeihenden Sequoien und verwandten chinesischen Spezies abgrenzt.

Der Eindruck ihrer immensen Größe wird dadurch noch verstärkt, daß das untere Drittel des Baumstamms keine Äste hat. Die imposante Baumsäule treibt erst ungefähr 30 Meter über dem Boden ihre ersten Äste aus, deren grüne Blätter einen 100 Meter hohen Baldachin bilden. Das schattige, feuchte Unterholz bietet einen idealen Lebensraum für Farne. Im Frühling erstrahlen die rosafarbenen und roten Blüten der Rhododendren im gedämpften Licht des Waldes.

Wälder wie diese zogen sich einst an der gesamten Pazifikküste entlang, aber die moderne Besiedelung Kaliforniens in den letzten 150 Jahren führte zu einer Verminderung der Redwoodwälder von 8000 auf 1000 Quadratkilometer. Die Bäume wurden vor allem wegen ihrer schönen Maserung und der Witterungsresistenz des Holzes gefällt. An den Rändern geht der Redwoodwald allmählich in Tannenwald über; in einigen Waldgebieten kann man zudem Lorbeerbäume, Eichen, Fichten und Hemlocktannen finden, besonders dort, wo noch mehr Licht auf den Waldboden fiel.

Versuche, den Küsten-Redwood-Bestand aufzuforsten, sind bislang nicht geglückt: Im Gegensatz zur immensen Größe dieses Baumes sind seine Samenkörner nur etwa 1 cm lang. Von einer Million Sämlingen findet nur einer die richtigen Bedingungen vor, um sich gut zu entwickeln. Doch steht diesen Bäumen noch eine weitere Fortpflanzungsmöglichkeit offen: Sie bilden Klone aus hervorsprießenden Wurzeln, die dann einen Mutterbaumstamm ringförmig einschließen und einen sogenannten Familienkreis bilden. Diese kleinen Bäume können dann recht schnell heranwachsen, weil sie sich durch ein bereits bestehendes intaktes Wurzelsystem ernährt werden.

Rechts: Runde Steine und sich im Wasser spiegelnde Bäume im Redwood Creek, im 430 Quadratkilometer großen Redwood-Nationalpark an der Nordküste Kaliforniens.

Unten: Eine mit Moos bedeckte, umgeknickte Eiche bildet einen Kontrast zu den hoch emporragenden Küsten-Redwood-Bäumen im Muir Woods National Denkmal, einem Teil des Golden Gate Erholungsgebiets in Marin County.

Gegenüber: Vom hoch gelegenen Baldachin der Redwoodbäume gefiltertes Sonnenlicht fällt auf Schwertfarne.

❖ Yosemite Nationalpark

D as Herz der Sierra Nevada befindet sich im Yosemite Nationalpark, einer unendlichen Wildnis mit über 3900 Meter hohen Bergen, tosenden Wasserfällen, Hochalmen und dichten Sequoien-Wäldern. Den Kern dieses Naturschutzgebietes bildet ein verblüffend schöner, von Gletschern geformter Canyon mit hoch emporragenden Granitfelsen, gerundeten Bergkuppen und massiven Monolithen. John Muir nannte ihn „den imposantesten von allen Naturtempeln, die ich jemals betreten durfte, – das Sanctum sanctorum der Sierra".

Das Tal, das nur ungefähr 18 des insgesamt über 3000 Quadratkilometer umfassenden Parks einnimmt, ist ein grüner Korridor, auf beiden Seiten von hohen Granitfelsen eingeschlossen und durch zahlreiche Bäche und Wasserfälle bewässert, die in der Talsohle in den Merced River münden. Das Tal verdankt seine Form einem ehemaligen See, der wechselweise vom Schmelzwasser zurückweichender Gletscher gespeist wurde und dann wieder austrocknete, weil sein Wasser in den Merced River und in den Tenaya Creek abfloß. Einen herrlichen Ausblick auf das Tal hat man von Glacier Point, einem Aussichtspunkt auf dem 960 Meter hohen Canyonrand. El Capitan, ein riesiger Granitfels, der sich mehr als 1000 Meter über der Talsohle erhebt, kennzeichnet die Westpforte des Tals. Half Dome, am gegenüberliegenden Ende, hielt einst das Wasser des Lake Yosemite zurück. Die runde Form der vielen Bergkuppen, von denen Half Dome die wohl bekannteste ist, wurde nicht von Gletschern abgeschliffen, sondern entstand durch Schieferungen. Bei diesem Prozeß stößt der Granit, dessen Struktur der einer Zwiebel ähnelt, nach und nach seine äußeren Schichten ab.

Im Yosemite Nationalpark befinden sich viele der höchsten amerikanischen Wasserfälle. Die Ribbon Falls stürzen fast 500 Meter hinunter; der Snow Creek und die Sentinel Falls brausen jeweils 600 Meter tief über die Granitgesimse hinab. Die Yosemite Falls reißt es insgesamt 730 Meter herunter. Die größere obere Hälfte bilden die Upper Falls, die zuerst eine 800 Meter tiefe Schlucht überwinden müssen, bevor die Lower Falls die restlichen 100 Meter bis zur Talsohle herabstürzen können. (Zum Vergleich: Die durchschnittliche Fallhöhe der Niagara-Fälle liegt bei etwa 50 Metern, doch die enorme Breite dieser Wasserfälle läßt einen anderen Eindruck entstehen).

Oben links: Yosemite Valley, vom Half Dome aus gesehen.

Unten links: Nevada Falls

Rechts: Die Upper und Lower Yosemite Falls im Sommer.

Links: Upper und Lower Yosemite Falls im Winter.

Rechts: Diese Frühlingslandschaft, vom Valley Overlook an der Tioga Road aufgenommen, zeigt die Brdalveil Falls und die markante Silhouette des Half Dome.

❖ Yosemite Nationalpark
❖ Mono Lake

Die Tioga-Straße zieht sich vom Yosemite Valley hinauf ins Hochland mit seinen kristallklaren Seen und brausenden Wildbächen, die von Schmelzwasser der Berge gespeist werden. Felsige Ausläufer der Sierra bilden ein Bollwerk am Horizont der Hochalmen, wo sich während der langen, feuchten Winter und der kurzen Sommer einst Gletscher ausbreiten konnten. Die 1200 Meter dicke Eisschicht, die einst die Tuolumne Meadows und das Hetch Hetchy Valley bedeckte, hinterließ eine riesige Wasserfläche, die jetzt der San Francisco Bay als Wasserreservoir dient. An der Ostpforte des Parks kreuzt die Straße in einer Höhe von knapp 3000 Metern den Tioga-Paß. Von hier aus hat man eine faszinierende Aussicht auf den

3916 Meter hohen Mount Dana und den 1600 Meter tiefer liegenden Mono Lake.

Der circa 156 Quadratkilometer große Mono Lake ist einer der ältesten Seen Nordamerikas und entstand vor etwa 700000 Jahren. Er liegt in einer wüstenartigen Landschaft im Osten der Sierra Nevada, die den pazifischen Winden die Feuchtigkeit entzieht, bevor sie das Mono Basin erreichen kann. An den kalziumreichen unterirdischen Quellen türmen sich Kalktuffbrocken auf. Sie bilden sich, wenn sich das Quellwasser mit dem alkalischen Wasser des Sees vermischt. Die Kalktuffbrocken säumen das Ufer und ragen an vielen Stellen aus dem Wasser empor. Seit die Stadt Los Angeles im Jahre 1941 begann, Wasser von den Strömen abzuleiten, aus denen der Mono Lake gespeist wird, hat sich der Wasserspiegel um zwölf Meter gesenkt und weitere 70 Quadratkilometer Kalktufformationen freigelegt. Das Wasser

des Sees war schon immer alkalisch. Mark Twain schrieb: „Sein träge dahinfließendes Wasser ist so alkalihaltig, daß ein stark verschmutztes Kleidungsstück, nachdem man es ein- oder zweimal hineingetaucht hat und danach auswringt, so sauber ist, als sei es von einer tüchtigen Wäscherin gewaschen worden." Allerdings hat sich der Salzgehalt seit 1941 verdoppelt. Das Wasser des austrocknenden Sees enthält heute achtmal soviel Alkali wie Meerwasser. Nur wenige Tierarten leben an diesem salzigen Gewässer; sie ernähren sich von den dort wachsenden Algenarten: Da ist zum einen die Salzwasserfliege, von den Paiute-Indianern „mono" genannt, die lange Zeit mit dieser Region gleichgesetzt wurde – zum anderen eine einzigartige Garnelenart, deren Sommerpopulation auf vier Billionen (!) geschätzt wird.

WASHINGTON

✤ Olympic Nationalpark

Im 3650 Quadratkilometer großen Olympic Nationalpark gibt es drei Ökosysteme: den 80 Kilometer langen pazifischen Küstenstreifen, den Regenwald mit außergewöhnlich mildem Klima und die alpinen Wälder und Wiesen der Olympic Mountains. Es ist die feuchteste Gegend der Vereinigten Staaten: Pro Jahr gehen hier durchschnittlich 2540 mm Regen nieder. Auf dem fast 2400 Meter hohen Mount Olympus fallen sogar bis zu 5080 mm Niederschlag im Jahr. Wasser ist auch das Hauptelement der abwechslungsreichen Landschaften der Olympic Peninsula: Wasserfälle stürzen in die Flüsse, die in den Pazifik münden; Bergseen schimmern zwischen zerklüfteten Gipfeln; an der felsigen Küste bricht sich die Brandung; Nebel umhüllt die Strände.

Vier Täler (Queets, Quinault, Hoh und Bogachiel) erstrecken sich von der Pazifikküste aus 80 Kilometer weit nach Osten, bis hin zu den zerklüfteten Bergen. Diese Täler beheimaten einige der letzten natürlichen Regenwälder mit gemäßigten klimatischen Verhältnissen. Diese Regenwälder haben sich im Lauf von Jahrtausenden entwickelt und bedecken einst 181300 Quadratkilometer der pazifischen Küste, bevor die Ausbreitung der Städte ihren Tribut forderte. Hemlocktannen und Sitkafichten beherrschen das Bild. Ihre stattlichen Stämme reichen bis in 60 Meter Höhe und sind über und über mit Moos bedeckt. Auf dem Waldboden liegen riesige umgestürzte Bäume, die „Ammenbäume" genannt werden, weil sie die nächsten Pflanzengenerationen ernähren und schützen: In liegenden Baum keimen die Samen, und wenn die Keimlinge überleben, wurzeln sie im Waldboden.

Die durch Gletscher entstandenen Täler ziehen sich landeinwärts bis zur Gebirgskette, wo das Land abrupt ansteigt. Der Wald wird zunehmend von Silbertannen, Douglas-Tannen und Weißkiefern beherrscht. Die am höchsten gelegene Waldregion beheimatet vor allem Hochlandtannen, Gebirgs-Hemlock-Tannen und Alaska-Zedern. In einer Höhe von 1500 Metern schließen sich die Hochalmen an. Die Berge bilden eine kreisförmige Formation mit einem Durchmesser von 65 Kilometern, wobei der ohnehin schon imposante Gesamteindruck durch die schroffen Gebirgskämme und die vereinzelten Gipfel noch verstärkt wird.

Als hier 1879 eine neue Gattung des nordamerikanischen Elchs entdeckt wurde, benannte man sie nach Theodore Roosevelt, der einen großen Teil des Waldes zum „Olympic National Monument" erklärte. Heute umfaßt die in diesem Nationalpark lebende Herde 5000 Roosevelt-Elche, die in den kälteren Monaten im Regenwald auf Nahrungssuche gehen und im Sommer auf die Hochlandwiesen ziehen.

Links: Das moosbedeckte Ufer des Soleduck River, der über ein felsiges Flußbett herunterstürzt.

Oben rechts: Der Rialto Beach zieht sich am Küstenstreifen des Olympic Nationalparks entlang. Riesige Treibholzstücke liegen auf dem Strand. Dabei handelt es sich teilweise um ganze Bäume, die auf den Flüssen bis ins Meer hinabtreiben und von der starken Brandung an den Strand zurückgespült werden.

Unten rechts: Schwertfarn und Großblättriger Ahorn in der Hall of Mosses im Hoh-River-Regenwald

❖ Denali Nationalpark

Der Denali Nationalpark nimmt eine Gesamtfläche von 7770 Quadratkilometern ein (die Größe des Staates Massachusetts), wovon der größte Teil auf der nördlichen Seite der Alaska Range (Alaska-Kette) liegt. Dieses sichelförmige, 966 Kilometer lange Gebirgsmassiv trennt die südliche Küstenregion von den Hochebenen im Inneren. Der höchste Berg Nordamerikas, der 6193 Meter hohe Mount McKinley, überragt alle anderen Gipfel. Die indianischen Ureinwohner nannten ihn „den Hohen", und Brad Washburn, einer der ersten Forscher, die ihn bestiegen haben, verglich den Ausblick von dort mit einem „Blick aus dem Himmelsfenster". An der südlichen Gebirgsflanke der Alaska-Kette bilden sich ständig neue Gletscher, denn die feuchte Luft des Golfes von Alaska sorgt auf den Bergen für eine mächtige Schneedecke. Die Baumgrenze in dieser Region liegt unter 915 Metern; so bleibt für die restlichen 4572 Meter dieser Bergkette nur Eis und Schnee. Weite Taigaflächen und verkümmerte Wälder, das „Land der kleinen Stöcke" genannt, lassen die Bergkette noch monumentaler erscheinen.

Auf der Nordseite der Gebirgskette sind die Gletscher kleiner und weniger zahlreich. Sie schmelzen zu unzähligen Flüssen und Strömen, die sich durch die feuchte Tundra schlängeln, und bilden mit dem nachfließenden Wasser neue Flußläufe. Unter einem großen Teil der Tundra liegt ein durch alte Eisschichten undurchlässig gewordener Untergrund, darüber eine nur 60 cm dicke Erdschicht, die den jährlichen Niederschlag von 305 mm nicht aufnehmen kann. Wenn die Sättigungskapazität erreicht ist, sammelt sich das Wasser an der Oberfläche des Sumpfes, versteckt unter einer Riedgrasdecke. Die trockene Tundra auf höher gelegenen Hügeln und Bergkämmen weist eine völlig andere Vegetation auf: Flechten und Moose, verkümmerte Sträucher, auch Bärentrauben- und Preiselbeerbüsche. Der Denali zählt mehr Besucher als jeder andere Park in Alaska. Mit Bussen werden die Touristen durch die einsame Wildnis der Tundra zum Wonder Lake gefahren.

Gegenüber: Sonnenaufgang über dem Elwah Valley und den Olympic Mountains, vom Hurricane Ridge aus gesehen.

Links: Eine 140 Kilometer lange Straße endet am Wonder Lake, und 50 Kilometer weiter erhebt sich der Mount McKinley.

Oben rechts: Die Karibu-Herde im Nationalpark umfaßt zur Zeit rund 3000 Tiere.

Mitte rechts: Das weiße Dickhornschaf, das einzige weiße Wildschaf Amerikas, lebt auf den Berghängen, wo es kaum Feinde hat.

Unten rechts: Ein Grizzly auf Nahrungssuche in der herbstlichen Tundra.

Der Mount McKinley Nationalpark wurde 1917 gegründet und später auf 24 282 Quadratkilometer erweitert. Im Jahre 1980 wurde er schließlich umbenannt und heißt seitdem „Denali Nationalpark". Man bezeichnet ihn auch als „Subarktische Serengeti", weil er, neben seinen majestätischen Bergen, der artenreichste Wildtierpark des Binnenlandes Alaskas ist. Die Karibu-Herde zählt heute 3000 Tiere, 1940 waren es noch 20000! Im Jahre 1977 hatte der Bestand mit nur 1000 Tieren seinen Tiefstand erreicht und konnte sich seitdem immerhin verdreifachen. Das weiße Dickhornschaf findet Schutz und Lebensraum auf den Hochalmen, weit weg von seinen natürlichen Feinden in der Tundra. Ein Leben lang behält es seine graziös geschwungenen Hörner (im Gegensatz zu den Karibus, Elchen, Hirschen und Rentieren, die ihre Geweihe jedes Jahr abwerfen). Anhand der Wachstumsringe läßt sich das Alter der Tiere bestimmen. Ausgehungert erwachen die Grizzlybären aus ihrem langen Winterschlaf. Den enormen Gewichtsverlust gleichen sie aus, indem sie die Tundra nach Nahrung durchforsten, wobei häufig auch lebendige Beutetiere ihren Speisezettel bereichern. Elche sind reine Pflanzenfresser und durchwaten die sumpfige Tundra auf ihren schlaksigen Beinen, um sich ungeheure Mengen wasserliebender Pflanzen einzuverleiben. Riesige Zugvögelschwärme, so auch die arktische Seeschwalbe, die am weitesten von allen fliegt, nisten in der Tundra. Zu den 155 Vogelarten des Parks zählt auch Alaskas Staatssymbol, das Schneehuhn, das im Sommer sein weißes Winterfederkleid abwirft und durch ein braun gesprenkeltes ersetzt. Damit kann es sich in der Tundra besser tarnen, um den Krallen der Gierfalken und Steinadler zu entgehen.

Oben: Die aufgehende Sonne färbt die Flanken des Mount McKinley.

Unten: Die Herbstfarben der Tundra spiegeln sich in einem kleinen Gletschersee am Moose Creek.

Gegenüber: Lappland-Alpenrosen blühen in der Tundra. Die Vegetation der Tundra besteht aus Flechten, Gras, Riedgras und niedrigen Sträuchern, die in diesen Höhen im äußersten Norden bestens gedeihen, weil die höchste Gebirgskette Nordamerikas die Landschaft vor den niederschlagsreichen Winden schützt.

2. Die Küsten

Von Kittery im Süden bis Calais an der kanadischen Grenze beträgt die Entfernung ungefähr 400 Kilometer Luftlinie, doch durch die zerklüfteten Buchten und die zahllosen Meeresarme verlängert sich der gezeitenabhängige Küstenstreifen auf 5600 Kilometer. Der Staat Maine hat, verglichen mit den übrigen Staaten der Ostküste, die meisten am Wasser liegenden Grundstücke. Der felsige Küstenstrich entstand, als die Gletscher die Gebirgsketten langsam auflösten und damit den Meeresspiegel anhoben, so daß nur noch die Gipfel der versenkten Gebirge als Inseln herausragten, die bis heute das Bild der weiten, blauen Buchten bestimmen.

Die Penobscot Bay beeindruckte den Entdecker Samuel de Champlain durch ihre „zahlreichen Inseln, Felsen, Sandbänke, Untiefen und die tosende Brandung". Die an der Mündung des Penobscot Rivers gelegene Bucht hat die Form eines Dreiecks, dessen Westflügel die Camden Hills bilden und das im Osten von der Isle au Haut begrenzt wird. Durch dieses Dreieck verläuft die Ost-West-Achse des Staates. (Östlich vom Penobscot River liegt das Gebiet, das die Einwohner von Maine als „Down East" bezeichnen.) Das eisige Wasser und die salzigen Brisen der Bucht boten ideale Voraussetzungen für die Segelschiffahrt. Im Jahre 1876 notierte der Leuchtturmwärter von Owls Head, in der

südwestlichen Spitze der Penobscot Bay, daß in jenem Jahr rund 16000 Schoner den Leuchtturm passiert hatten.

Das erste in dieser Kolonie gebaute Schiff lief 1607 in Barth vom Stapel. Die Rolle dieses Hafens für den Schiffbau wird im Shipyard Museum dokumentiert. Es wurde an der Stelle errichtet, wo einst die Schiffsbauer Percy und Small durch ihre großartigen Schoner zu Ruhm und Ehren gelangten. Im Jahre 1909 vollendeten sie das größte hölzerne Segelschiff, das jemals in Amerika gebaut wurde. Der lukrative Schiffs- und Holzhandel hat die elegante Architektur der Küstenstädte geprägt und die Errichtung zahlreicher Leuchttürme auf den zerklüfteten Felsvorsprüngen bedingt.

Oben: Dingis am Wiscasset Harbor.

Unten links: Bojen und andere Utensilien für den Hummerfang.

Unten rechts: Stonington Bay, an der südlichsten Spitze der Deer Islands, ein geschützter Ankerplatz für Hummerfischer.

Gegenüber: Der Portland-Head-Leuchtturm zeigt den Booten, die sich der Südküste Maines nähern, den Weg.

Der „nackte, gekrümmte Arm" des Staates Massachusetts, wie Henry David Thoreau diese Region nannte, erhielt 1602 vom Entdecker Bartholomew Gosnold wegen seines „immensen Kabeljaubestandes" den Namen „Cape Cod". 1620 gingen die ersten Pilger in Provincetown an Land, doch sie blieben hier nur einen Monat, bevor sie weiter nach Plymouth zogen. 100 Jahre später siedelten sich Auswanderer in dieser Gegend an und bauten im nördlichen Teil der Bucht, in der Nähe des heutigen Sandwich, eine Handelsstation auf. Die nächste Siedlergeneration schätzte ebenfalls den Reichtum des Meeres, doch jetzt machten die Siedler Jagd auf größere Beutetiere und bestritten ihren Lebensunterhalt vor allem durch den Walfang.

Schiffszimmermänner waren die Baumeister der eineinhalbstöckigen Landhäuser mit ihren grauen, verwitterten Schindeldächern und schufen so den unverwechselbaren architektonischen Stil dieser Region. Doch für den Bau dieser Holzhäuser wurden zu viele Bäume gefällt: Erosionen waren die Folge. 1961 wurden schließlich 56 Kilometer der Kapspitze, von Provincetown bis Nauset, als „Cape Cod National Seashore" unter Naturschutz gestellt. Robustes Marschgras und andere Pflanzen wurden gesät, um dem Treibsand wieder Halt zu geben. Die raube See und die starken Stürme, die um den Unterarm des Kaps (von seinem „Ellenbogen" in Chatham aus gesehen) peitschen, entreißen der zum Ozean liegenden Seite immer wieder Land, doch dafür wird an der Bucht-Innenseite ständig Treibsand angeschwemmt, wodurch das Land wieder wächst.

Die Ausbaggerungsarbeiten für den Cape-Cod-Kanal dauerten, mit Unterbrechungen, 30 Jahre. Als der Kanal 1914 eröffnet wurde, sparten die Seefahrer 160 Kilometer Seestrecke. Zwei Brücken (Sagamore und Bourne) wurden in den dreißiger Jahren gebaut, so daß man von den New Yorker und Bostoner Ballungsräumen dieses Ferienparadies in einem Tag erreichen kann. Während der Sommermonate vervielfacht sich die Bevölkerungszahl der meisten Kommunen: Urlauber verbringen ihre Ferientage mit Bootsfahrten und Angeln oder genießen einfach das Strandleben. Mit der Zahl der Sommerurlauber stieg auch die Zahl der Bootshäfen. Der malerische Ort Wychmere Harbor bietet einen sicheren Ankerplatz in Harwichport: Kurz vor der Jahrhundertwende wurde hier ein geschützter Binnenhafen geschaffen.

Rechts: Wychmere Harbor, Harwichport.

Gegenüber:
Oben: Herring Cove Beach, Cape Cod National Seashore.
Unten: Wellenförmige Dünen trennen den Pilgrim Lake in Orleans vom Strand am Cape Cod National Seashore.

D ie unerschlossenen Gebiete der vorge-
lagerten Insel, auf der man in den
sechziger Jahren das Kennedy-Raum-
fahrtzentrum erbaut hat, wurden in ein Wild-
schutzgebiet und in einen Küstennationalpark
umgewandelt. Auf der Atlantikseite der
Merritt Island liegt die nur von einem schmalen Sandstreifen umschlossene Mosquito La-
goon. Dieser Meeresarm bietet Delphinen,
Schildkröten und Rundschwanzseekühen einen
idealen Lebensraum. Obwohl sich der Lebensraum der Rundschwanzseekühe nur auf Süd-
Georgia und Florida beschränkt und ihr Bestand
weniger als 2000 Tiere aufweist, kann der auf-
merksame Besucher sie von der Lagune aus
mit ein wenig Glück erkennen. Mehr als 250
Vogelarten konnten auf Merritt Island gezählt
werden. Hier befindet sich eines der Hauptüber-
winterungsgebiete für Zugvögel auf der atlanti-
schen Flugroute. Das Schutzgebiet weist einen
riesigen Bestand an Wasservögeln auf: 50000
Enten und 100000 Wasserhühner sowie Silberreiher, Fischadler, Pelikane und Kormorane.

Strandhafer, ein hohes, strohiges Gras,
befestigt die Dünen des Canaveral National
Seashore. Dieser Küstenpark ist zugleich das
nördlichste Verbreitungsgebiet der eßbaren
tropischen Seetrauben „seagrape". Der Strand
lädt zum Muschelsuchen ein, denn dort gibt es
Herzmuscheln, Kammuscheln, Venusmuscheln,
Archenmuscheln und Austern im Überfluß.
Die bis zu 40 Zentimeter lange, leuchtende
Wellhornschnecke gehört zu den größten Mu-
schelarten. Die hier lebende Art unterscheidet
sich von den anderen dadurch, daß sie „links-
händig" ist, das heißt, die Muschel öffnet sich
mehr nach links als nach rechts.

Rechts: Black Point, Merritt Island National Wildlife
Refuge.

Unten: Muscheln und Brandung im Canaveral
National Seashore.

Oben: Sonnenuntergang an der Küste bei Point Sur.

Unten links: Auch Seelöwen sind im Channel Island Nationalpark heimisch.

Unten rechts: Anacapa Island, drei schmale Inselchen, etwa 60 Kilometer südwestlich von Santa Barbara.

Die Entfernung zwischen der mexikanischen Grenze und der Juan-de-Fuca-Straße, die Washingtons Olympic Halbinsel von der kanadischen Vancouver-Insel trennt, beträgt 2080 Kilometer, aber die tatsächliche Länge der Pazifikküste ist sechsmal so groß. Der Name „Pazifik" bedeutet „friedlich", täuscht aber über die rauhen Bedingungen dort hinweg. Das Wasser des windgepeitschten Kaliforniens Stroms hat sich auf dem Weg durch nördlichere Gefilde stark abgekühlt und setzt der Küste mächtig zu. Das Klima reicht von einer der trockensten Gegenden des Landes – San Diego County – bis zum feuchtesten Gebiet, dem Olympic-Regenwald in Washington.

Die Coast Ranges (Küstenkette) besteht aus relativ jungen Bergen. Sie schlängelt sich über 1290 Kilometer entlang der Westküste dahin und wird nur einmal durch den Einschnitt an San Franciscos Golden Gate unterbrochen. Ihre kahlen Höhenzüge und terrassenförmigen Anhöhen – Spuren der abrupten Hebungen und Senkungen, die diese Landschaft geformt haben – verlaufen parallel zum Pazifik und trennen ihn vom Central Valley. Die einzigen Gebirgszüge, die in Kalifornien von Ost nach West verlaufen, werden zusammen „Transverse Range" genannt und bilden einen rechten Winkel zum Ozean. Sie ziehen sich von Santa Ynez über Santa Barbara durch die Berge von Santa Monica und San Gabriel, die das Los Angeles Basin umringen, weiter in die San Bernadino Mountains, die dann abrupt in die Mojave- und Colorado-Wüsten abfallen.

Die acht Channel Islands, eigentlich nichts anderes als aus dem Pazifik ragende Berggipfel, liegen südlich des Santa Barbara Channels bis nach Orange County hin verstreut. Steile Klippen, Höhlen und vom Meer geformte Felsbögen prägen ihr Erscheinungsbild. Da die Inseln so lange isoliert waren, haben sich dort einzigartige Pflanzengattungen entwickeln können. Hier leben nur Kormorane, Pelikane und andere Wasservögel, sowie Seelöwen, Seeotter und Seehunde. Santa Catalina ist als einzige dieser Inseln von Menschen bewohnt. Auf San Miguel leben sechs Seehundarten, von denen fünf ihre Jungen auf der Insel aufziehen. Die zerklüftete Santa Lucia Range ragt steil aus dem Meer auf und erstreckt sich von San Simeon bis nach Carmel. Ein Stück des landschaftlich schönen Highways CA 1 schlängelt sich 300 Meter über der tosenden See an den steil abfallenden Klippen entlang. Oberhalb der Straße erheben sich 900 Meter hohe, karge Berggipfel. Die Region verdankt ihren Namen dem Rio Grande del Sur, der, halb ins Englische übersetzt, zum „Big Sur" wurde. Dieses neblige Stück Land ist die südlichste Heimat des Redwoodbaums. Auf dem engen, flachen Landstreifen, der die Monterey Bucht umgibt, mischen sich würdige Monterey-Zypressen darunter.

D ie faszinierende Küste von Big Sur
war praktisch so lange unzugänglich,
bis die von Inhaftierten gebaute Straße
in den dreißiger Jahren fertiggestellt wurde.
Allerdings gelang es auch zuvor schon einigen
Pionieren, dieses Gebiet in Augenschein zu
nehmen. Bereits 1913 beschrieb J. Smeaton
Chase in seinem Bericht „California Coast
Trails" über einen Ritt von Mexiko nach Oregon die phantastische Szenerie:

„Die Küste wurde von kleinen Buchten
unterbrochen, deren brauner Seetang mit
den langsamen Atemzügen des Meeres auf
und nieder wogte. Überall lagen kleine Inseln
verstreut, so, als hätte man eine Handvoll
Kieselsteine ins Meer geworfen. Ich glaube
nicht, daß es irgendwo an unserer Küste einen
bezaubernderen Platz gibt, als diesen ... das
hier ist der Inbegriff einer wild-romantischen
Meeresküste."

Die bröckelnden Landzungen, die sich an
Kaliforniens Mendocino Coast bis Oregon
hinziehen, unterbrechen die Wasserfläche des
Pazifik und führen zu riesigen, langgezogenen
Brandungswellen. Die Gesteinsreste des ehemaligen Küstenstreifens liegen in der gezeiten-
abhängigen Region verstreut. Rissige, vom
Meer umpeitschte Felsen, sogenannte Meeres-
säulen, sind die letzten Brocken, die dem
Meer Widerstand leisten. Ihr Äußeres ändert
sich allerdings rasch: Wenn durch den Druck
der Wellen die Luft in einer Spalte zusammen-
gepreßt wird, können große Teile des Felsens
abbrechen.

O regons 583 Kilometer langer, zerklüf-
teter Küstenstreifen ist nicht besiedelt.
(Portland liegt 80 Kilometer landeinwärts.) Es ist gesetzlich festgelegt, daß der
größte Teil der Fläche als öffentliches Erholungsgebiet zugänglich bleiben muß. Die bewaldeten Landzungen des südlich vom Columbia
River an den Neahkahnie Mountains gelegenen Ecola State Parks durchziehen wildblumen-
gesäumte Wanderwege, von denen aus der
Besucher eine phantastische Aussicht auf Oregons Küste genießen kann. Die Küstengebirgs-
kette entstand, als die Juan-de-Fuca-Ozean-
platte mit dem Kontinentalsockel kollidierte
und unter ihm absank. In dieser Region gedeihen die für den pazifischen Nordwesten typischen Nadelwälder mit den bis zu 90 Meter
hohen Douglas-Tannen. Reichliche Niederschläge
begünstigen eine üppige Vegetation.

Rechts: Zur serpentinenartigen Straße entlang
der malerischen Big-Sur-Küste gehören auch solche
architektonischen Meisterwerke wie die Bixby Creek
Bridge, die längste der 33 Brücken an dieser
118 Kilometer langen Straße.

Gegenüber: Der Ecola State Park in Oregon.

Ein 95 Kilometer langer Küstenstreifen des Bundesstaates Washington gehört zum Olympic Nationalpark, ist jedoch vom übrigen Park durch private Waldgrundstücke getrennt. Ohne Unterlaß tost die Brandung gegen die Küste. Die Wogen brechen sich über den Landzungen und umpeitschen die aus dem Meer ragenden Felssäulen. Dort, wo die Strände flach und sandig sind, findet man entlang der Gezeitenlinie viele ausgebleichte Baumskelette, Spuren eines wärts liegender Wälder. Am Strand findet man lange Tangstreifen. Seelöwen tollen in der Brandung und sonnen sich auf den kleinen Felsinseln; im Herbst und im Frühling kann man weit draußen Grauwale dabei beobachten, wie sie zum Luftholen an die Wasseroberfläche kommen. Die Priele sind voller Seeigel, heller Seesterne und schwarzer Muschelklumpen. Krabben verkriechen sich, eßbare Muscheln graben sich ein. Auf den Klippen wachsen Küstenfichten und Zedern.

Die San Juan Inseln, die über 750 Überbleibsel einer versunkenen Gebirgskette, die einst das Festland mit den Vancouver Inseln verbunden hat, liegen in den schimmernden Gewässern vor der Nordwestspitze des US-amerikanischen Kontinents verstreut. Nur 172 dieser Felsen haben Namen, und nur vier (Lopez, Orcas, Shaw und San Juan) sind mit der Fähre erreichbar. Die San Juan Inseln sind ein historischer Nationalpark: Hier wurde der Streit um die Grenze des Staates Oregon beigelegt und damit die Grundlage für das friedliche Miteinander von den USA, Kanada und Großbritannien geschaffen.

Die Schönheit dieser Inseln, mit ihren üppigen Zedern-, Fichten- und Douglas-Tannenwäldern und den malerischen Kieselstränden lockt die Besucher zur Anlegestelle Anacortes auf Fidalgo. Ein Blick vom Gipfel des Mount Erie, der in der Nähe von Anacortes gelegen ist, auf die grünen Inseln und die glitzernde See verheißt wild-romatische Naturabenteuer. Das Klima der San Juans ist überraschend mild, denn die Inseln werden vor den starken ozeanischen Stürmen durch die Vancouver Inseln im Norden und durch die Olympic Mountains im Südwesten geschützt. Die Inselwelt bietet Lebensraum für viele Tiere, vor allem aber für die schwarzweißen Orca-Wale, im Volksmund „Killerwale" genannt. In Lime Kiln Beach an der Westküste der San Juan Inseln wurde eine Meeresforschungsstation errichtet, um die Gesänge jener bis zu acht Meter langen fleischfressenden und in Herden lebenden Meeressäuger aufzunehmen und auszuwerten.

Am langen, geraden Strand von Kaloch, etwa 16 Kilometer nördlich von Queets, der bedeutendsten Ansiedlung des Quinault-Indianerreservats, kann man bei Ebbe viele Muscheln finden.

Links: Felssäulen im Meer vor Bandon Beach.

Rechts: Blick vom Gipfel des Mount Erie auf die Fidalgo Insel gegenüber den San Juan Inseln.

Unten: Sonnenuntergang am Boundary Pass, auf den San Juan Inseln.

Die Küste Alaskas wird zur größten Sehenswürdigkeit der Welt werden, schlossen, und nicht nur Pilger aus den Vereinigten Staaten, sondern auch aus Übersee, werden in einer endlosen Prozession zusammenströmen, nur um sie zu sehen", schrieb der Geograph Henry Gannett in seiner Chronik der Harriman-Alaska-Expedition im Jahre 1899. Die gezeitenabhängige alaskische Küste erstreckt sich über circa 54700 Kilometer, das ist länger als die Küstenstreifen der übrigen 48 Staaten zusammen.

Als Captain George Vancouver 1794 die Küste Alaskas an der Glacier Bay kartographisch erfaßte, war diese nordwestlich von Juneau gelegene Bucht am südlichen Panhandle an der Grenze zu British Columbia

(Kanada) ein circa acht Kilometer langer Meeresarm, „von riesigen Eisbergen eingeschlossen, die steil aus dem Wasser ragten", wie Vancouver notierte. Damit beschrieb er einen etwa 25 Kilometer breiten und 160 Kilometer langen Gletscher. Doch bereits 1879 mußte der Naturschützer John Muir feststellen, daß dieser Gletscher sehr rasch geschmolzen war, denn nun war die Bucht bereits 50 Kilometer lang, und um 1916 war der Gletscher noch einmal um etwa 40 Kilometer zurückgegangen. Noch nie war eine schnellere Gletscherbewegung zu beobachten. In dieser Bucht nahmen die geologischen Prozesse einen wahrhaft dramatischen Verlauf. Noch vor 200 Jahren lag das ganze Gebiet unter einer dicken Eisschicht, und

heute gedeiht an der Mündung der Bucht ein üppiger Regenwald aus Sitkafichten und Hemlock-Tannen; in den höheren Regionen haben sich alpine Wälder ausgebreitet. Der jährliche Niederschlag auf Panhandle übersteigt noch den des Amazonasgebietes: ideale Bedingungen für einen üppigen Regenwald aus Fichten, Tannen und Alaska-Zedern, der selbst für Alaska außergewöhnlich ist. Die weitläufige Bucht wird von vielen Meerestieren bevölkert, wobei vor allem der riesige Bestand an Seehunden und die Sommerkolonie der Buckelwale beachtenswert sind.

Binnen kürzester Zeit wurden das Gebiet und die sie umgebenden Berge von der eisigen Gewalt der letzten Eiszeit befreit. Doch begünstigen die Klimabedingungen einen steten

Wechsel. Die feuchte Luft des Golfes von Alaska trifft auf die hohen Gipfel um die Glacier Bay und bildet dort riesige Schneemassen, die während der kurzen Sommerzeit nicht immer völlig wegschmelzen. Wenn mehr Schnee fällt, als anschließend schmilzen kann, bilden sich Gletscher. Gegenwärtig gibt es in der Glacier Bay mehr als ein Dutzend Flutwassergletscher. Wenn sie eine entsprechende Tiefe erreicht haben, beginnen sie zu wandern. Im zusammengepreßten Schnee und Eis bilden sich zerklüftete Eiszinnen und -kämmen auf, die die Umrisse der unter der Eisschicht begrabenen Berglandschaft erahnen lassen.

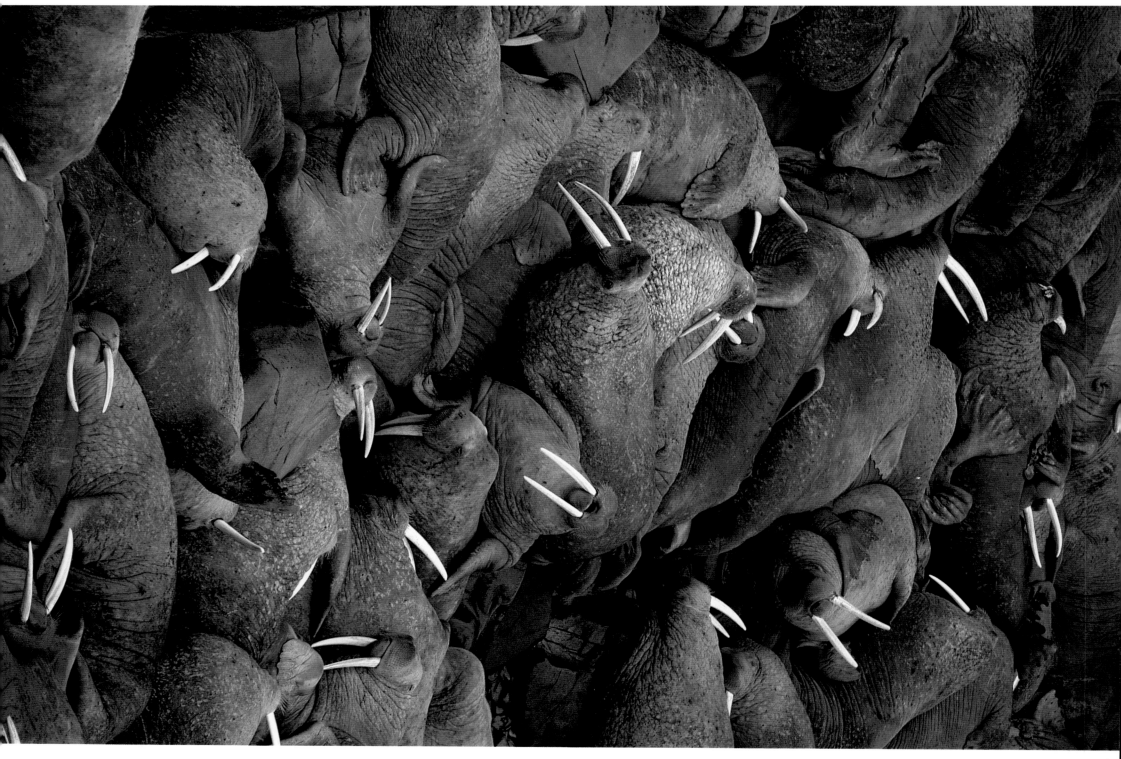

ALASKA

Gegenüber:

Oben links: 80 Prozent eines Eisberges liegen unter Wasser. Ein schwimmenden Eisberges liegen unter Wasser. Ein Weißkopfseeadler hat einen guten Aussichtspunkt gefunden, von dem aus er die Meerenge im Süden Juneaus beobachten kann.

Rechts: Eine zoologische Faustregel besagt, daß Tiere einer bestimmten Art in nördlicheren Regionen und bei zunehmender Kälte größer werden als ihre Artgenossen in wärmeren Gefilden. Die Tiere Alaskas belegen dies. Walrosse, Verwandte der Seelöwen, die in der kalifornischen See bis zu 270 kg schwer werden, erreichen in Alaska ein Höchstgewicht von 1360 kg! Einer ihrer bevorzugten Lebensräume ist eine Inselgruppe im Norden der Bristol Bay, durch die das eisige Wasser der Bering-See fließt.

Unten links: Die Papageitaucher verdanken ihren Namen dem leuchtenden Gelb und Rot ihrer Schnäbel und Schwimmfüße. Die vornehme Färbung des Gefieders, die an einen schwarzen Smoking mit weißer Hemdbrust erinnert, steht im Gegensatz zu ihrer unbeholfenen, komisch wirkenden Fortbewegungsart.

P aradise Cove, Beauty Bay, Beautiful Island, Surprise Bay, Delight Lake: Die Namen, die man den eindrucksvollsten Plätzen des Kenai Fjords Nationalparks gegeben hat, spiegeln die majestätische Schönheit dieses Naturschutzgebietes wider. Hier findet sich ein Paradebeispiel einer vergletscherten Meeresküste mit einem einzigen Eisfeld, dem Harding, das 1813 Quadratkilometer bedeckt und dessen Eisdecke bis zu 1600 Meter dick ist. Die Berge sind mit Fichten und Tannen bedeckt, die bis an die peitschende Brandung oder die spiegelglatten, kleinen Buchten heranreichen; hier leben viele Tiere: Seelöwen und Wale, Adler und Papageitaucher, Bergziegen und Elche.

Die Kenai Halbinsel liegt südlich von Anchorage und bildet die westliche Begrenzung des Prinz William Sundes. Die Südseite des Parks liegt gegenüber dem Golf von Alaska, und den nördlichen Rand bilden die Kenai Mountains. Dieser schmale Küstenstreifen, der von zwei Wasserflächen – dem Harding-Eisfeld und dem Golf von Alaska – umschlossen ist, bietet die besten Voraussetzungen für eine besondere Wechselwirkung zwischen gefrorenem und flüssigem Wasser: Hier kalben die

Gletscher und lassen neue Eisberge entstehen. Das Harding-Eisfeld hat 30 Gletscher hervorgebracht, von denen acht bereits das Flut- oder Gezeitenwasser erreichen. Wenn das untere Ende eines Gletschers sich in Eisberge spaltet oder schmilzt und wenn er nicht oberhalb durch eine außergewöhnlich große Schneemenge wieder aufgefüllt wird, sagt man, daß ein Gletscher zurückgeht, obwohl er natürlich nicht tatsächlich rückwärts wandert, sondern nach und nach verschwindet. Die vielen Gletscher in den tiefen Fjorden entlang der Kenai-Halbinsel sind zu Wasser geworden.

Rechts: Northwestern Fjord.

Unten: Abendstimmung an der Aialik Bay im Kenai Fjords Nationalpark.

Die zerklüfteten Bergspitzen der Teton Range steigen abrupt 2100 Meter über der Talsohle empor. Zwischen dem Tal und dem Steilhang befinden sich keinerlei Gebirgsausläufer, wodurch sich dem Betrachter ein atemberaubendes Panorama bietet. Die kahlen Felsspitzen spiegeln sich im Jackson Lake wider, der sich über die halbe Länge des „hole" („Lochs") erstreckt. Als „hole" bezeichneten die Bergbewohner im 19. Jahrhundert weite, flache Täler wie dieses, in denen sie Biber und andere Tiere wegen ihrer Felle jagten. Die Shoshone-Indianer nannten diese Berge „Tee-win-ot", „viele Spitzen", eine treffende Beschreibung. Der jetzige Name ist angelehnt an die französische Bezeichnung für die weibliche Brust, die eine Gruppe von Pelzterjägern im Jahre 1819 in der Form der Berge zu erkennen glaubte.

Nach zahlreichen hitzigen Debatten zwischen ortsansässigen Ranchern und Naturschützern, der nationalen US-Forstbehörde und dem Nationalpark-Komitee wurden 1929 die Teton Range und ihre unmittelbare Umgebung zum Nationalpark erklärt. John D. Rockefeller, den das Nationalpark-Komitee für das Grand Teton Projekt gewinnen konnte, war entsetzt über die Touristenanlagen, die über das Tal verstreut waren und die wunderbare Aussicht störten. Die von ihm gegründete Snake River Land Company kaufte 142 Quadratkilometer des Jackson Hole und vergrößerte 1950 den Teton Nationalpark um dieses Stück Land.

Der Biberbestand, der um 1840 fast ausgerottet war, hat sich seither erholt, und heute können die Biber in den Feuchtgebieten wieder ungestört Deiche bauen. Während der Wintermonate versammeln sich die Elche in kleinen Herden am Südrand des Jackson Hole, wo sich seit 1912 ein staatliches Elchreservat befindet; in den wärmeren Monaten ziehen sie in die Hochebenen. Die Hauptverwaltung des Parks befindet sich in Moose, einem Ort, der nach den großen Elchen benannt wurde, die im Jackson Hole beheimatet sind, weil dort die Flüsse und Seen noch jene Wasserpflanzen gedeihen lassen, von denen sich diese majestätischen Tiere mit Vorliebe ernähren.

Über dem Jackson Lake erheben sich die Grand Tetons.

76

M it seinem Namen wird der Mount Rainier zum Sinnbild für den regnerischsten Staat des nordamerikanischen Kontinents. Die weiße Bergkuppe, die sich über der Skyline von Seattle erhebt, weist eine Gletscherfläche von über 100 Quadratkilometern auf.

George Vancouver, der erste Weiße, der den Puget Sund erforschte, benannte den Berg nach einem mitreisenden britischen Offizier der Kriegsmarine und beschrieb ihn in seinem Tagebucheintrag unter dem 7. Mai 1792 als „einen unheimlich hohen, runden und schneebedeckten Berg". Der ehemalige Vulkan erhielt wohl durch seine prähistorische Eruption, die ungefähr 600 Meter seines Gipfels wegpustete, sein typisches abgerundetes Profil. Das Nationalpark-Komitee schildert die unvermindert faszinierende Wirkung dieses 4394 Meter hohen Berges in seiner Broschüre: „Mount Rainier ist ein einzigartiges, schroffes Gebirgsmassiv. (...) Der Mount Rainier gehört zu den großartigsten Bergen der Welt. Mit seinen zahlreichen Gletschern ist er eine arktische Insel innerhalb einer relativ gemäßigten Klimazone."

Der Berg weist tatsächlich einige arktische Züge auf. Der Krater dieses vulkanischen Bergmassivs ist mit einer 150 Meter dicken Eisschicht gefüllt; weltrekordverdächtige Schneefälle (bis zu 16 Meter) wurden 1970 im Paradise Valley genossen; sieben Gletscher wandern in niedrigere Regionen, wo sie sich in kleinere Eisfelder aufspalten. Dämpfe und Gase vulkanischen Ursprungs haben Eishöhlen unter den Gletschern gebildet. Das geschmolzene Eis speist zahllose Flüsse und Wasserfälle. Eine weniger schöne Folge der Wechselwirkung zwischen vulkanischem Feuer und Gletschereis sind die immer wiederkehrenden Schlammflüsse und Erdrutsche. Wissenschaftler vermuten heute, daß es auch diese Kräfte waren, die den Gipfel des Mount Rainier verändert haben. Dort, wo die Gletscher durch Gase und Dämpfe porös wurden, bewegen sich reißende Schmelzwasserströme und Steinschuttmassen unsichtbar unter der Oberfläche. Wenn diese Massen, zum Beispiel durch eine Explosion hervorbrechen, rutschen sie die Hänge herunter und verändern die Landschaft.

In Talnähe wirkt der Berg dagegen nicht ganz so arktisch, denn hier sind die Hänge mit einem dichten Nadelwald bedeckt. Die für diese Region typische Douglas-Tanne wurde nach einem schottischen Botaniker benannt, der um 1830 den Nordwesten Amerikas, Kaliforniens und Hawaii erforschte. Er legte dabei Tausende von Kilometern zu Fuß zurück und entdeckte 200 Pflanzen- und Baumgattungen, deren Bandbreite „ganz klar beweist, daß wir uns nicht in Europa befinden". Die weiten Bergwiesen in Höhen zwischen 1350 und 2000 Metern sind in den warmen Monaten von Wildblumen übersät. Dann blühen hier blaue Lupinen, dunkelrosafarbenes Feuerkraut und die leuchtende Goldrute.

Oben: Sitkafichten, eigentlich eine Küstengattung, wachsen im Carbon-River-Regenwald, der sich im Nordwestteil des Mount Rainier Nationalparks ausbreiten konnte, weil die Niederschläge dort besonders ergiebig sind.

Unten links: Bergwiesen umsäumen das Sunrise Visitor Center. Dahinter erhebt sich der Emmons-Gletscher.

Unten rechts: Wasserfall am Sunbeam Creek.

Gegenüber: Der Bärlauch gehört zur Familie der Liliengewächse. Er trägt im Sommer bis zu 90 cm lange, weiße Blüten, Leckerbissen für Bären, Hirsche und Elche. Hinter den Blüten sieht man den Eunice Lake und den Mount Rainier.

Im North Cascades Nationalpark wurde ein landschaftlich besonders schöner Streifen der wilden Cascade Range, die hier an der kanadischen Grenze ihre breiteste Stelle hat, unter Naturschutz gestellt. Das Gebirge bildet eine Wetterscheide. Auf seiner Westseite entleeren sich die vom Pazifik herangetriebenen Regenwolken, wodurch auf der Ostseite ein besonders trockenes, rauhes Klima entsteht. Der Niederschlag beträgt durchschnittlich 2540 mm, und der Temperaturunterschied zwischen Sommer und Winter beträgt nur 5 °C. Im Osten regnet es viel weniger, und die Temperaturunterschiede zwischen Sommer und Winter liegen bei 37 °C. Der im Jahre 1968 gegründete North Cascades Nationalpark ist nur über einen Highway zu erreichen, und dieser ist jedes Jahr, wegen der starken Schneefälle, etwa acht Monate lang unpassierbar.

Diese wilde Gebirgswelt – acht Berge sind etwas höher als 2700 Meter und mehrere Dutzend erreichen eine Höhe von 2100 Metern – ist das Werk der Eiszeitperioden. Künstlich angelegte Staudämme dienen der Stromgewinnung; lange, gewundene Gräben, wie Lake Chelan, der fast 90 Kilometer lang und 450 Meter tief ist. Ein üppiger Wald aus Douglas-, Hemlock- und pazifischen Silbertannen überzieht die niedrigeren Regionen; weiter oben findet man mit Wildblumen übersäte Hochalmen. Die starke Pigmentierung der Gebirgsblumen steigert ihre Fähigkeit, die Sonnenenergie während der kurzen Sommersaison zu absorbieren.

Crater Lake, ein tiefblauer, fast kreisrunder Gebirgssee, umgeben von steilen, 600 Meter hohen Klippen, liegt 1600 Meter über dem Meeresspiegel in der Cascade Range in Oregon. Er bildete sich vor ungefähr 7000 Jahren durch starke vulkanische Explosionen. Die Vulkanspitze sackte weg; 60 Millionen Kubikmeter Felsgestein stürzten in den riesigen Krater, der sich nach und nach abkühlte, so daß Schnee und Regen nicht mehr verdampften, sondern sich allmählich sammeln konnten; in weniger als 1000 Jahren erreichte der See seine jetzige Form und Tiefe. Die Macht dieser Explosionen muß die im Nordwesten lebenden Indianer in Furcht und Schrecken versetzt haben; die Detonationen waren vermutlich sogar noch auf Hawaii zu hören. Feuerwolken und glühendheiße Asche kamen den Berg hinabgeschossen und begruben eine 12950 Quadratkilometer große Fläche stellenweise sechs Meter tief.

Der Geist dieses verschwundenen Berges wird beim Anblick von Wizard Island heraufbeschworen. Wenn man diese konisch geformte Insel aus vulkanischen Schlacken, die 270 Meter hoch über der Wasseroberfläche des Sees emporragt, vor dem geistigen Auge so weit vergrößert, daß sie den großen Krater ausfüllt, kann man sich in etwa vorstellen, wie die Silhouette des Mount Mazama vor 7000 Jahren ausgesehen haben muß. Der 1200

Meter tiefe Krater, der durch die Explosion entstand, ist heute zur Hälfte mit Wasser gefüllt. Der Crater Lake ist mit 570 Metern Tiefe der tiefste See der USA. Die enorme Tiefe ist auch der Grund für seine besondere Farbe, die wirkt, als ob ein strahlend blaues Stück Himmel hineingefallen sei. Der Crater Lake ist ein von spitzen Klippen umschlossenes Sammelbecken für Regen- und Schmelzwasser (15 Meter Schnee fallen im Jahresdurchschnitt). Das Wasser ist so rein, daß das Sonnenlicht bis auf 120 Meter Tiefe dringen kann. Die Temperatur des Sees beträgt konstant 4 °C, so daß der See niemals zufriert, obwohl er jedes Jahr monatelang von Schnee umgeben ist.

Rechts: Der Mount Shuksan ist mit 2740 Metern Höhe einer der hervorstechendsten Gipfel des North Cascades Nationalparks. Er ist von Gletschern überzogen (Crystal, East Nooksack, Sulfide).

Unten: Wie beim Grand Canyon erscheint das Panorama des Crater Lake völlig unvermittelt, wenn die Straße, die sich nach und nach die Cascades hinaufzieht, plötzlich den Blick darauf freigibt.

D ie Landmasse Alaskas umfaßt mehr als 1,5 Millionen Quadratkilometer. Es ist der größte amerikanische Bundesstaat und doppelt so groß wie Texas, der zweitgrößte Bundesstaat. Hier befindet sich die letzte amerikanische Landschaft, deren ungeheure Größe den Menschen unbedeutend erscheinen läßt. Inmitten dieser endlosen Wildnis liegt der Riese unter den amerikanischen Nationalparks, der Wrangell-St. Elias. Mit seinen 53 420 Quadratkilometern ist dieser Nationalpark etwa sechsmal so groß wie der Yellowstone, der ein Jahrhundert lang der größte amerikanische Nationalpark war, bevor die alaskischen Parks in das amerikanische Parksystem aufgenommen wurden. Vier große Gebirgsketten – Wrangell, Chugach, St. Elias und Alaskan Range – laufen im Park zusammen. Neun Gipfel ragen über 4200 Meter hoch empor, unter ihnen der Mount Saint Elias mit 5400 Metern Höhe.

Oben rechts: Kalbender Gletscher (Hubbard Glacier).

Unten rechts: Eine bizarre Eisformation bietet eine interessante Perspektive auf den Mount Elias.

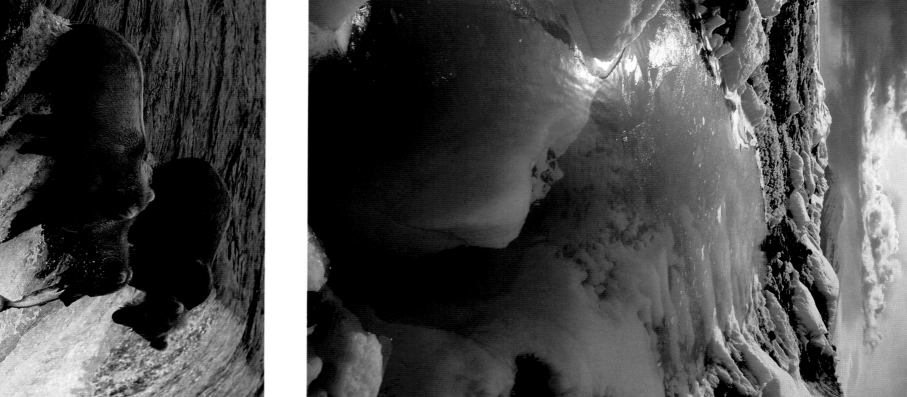

Die Gebirgsketten im Wrangell-St.-Elias-Nationalpark sind der Himalaya Nordamerikas. Sie haben ein derart riesiges Ausmaß, daß die Zahl ihrer Drei- bis Viertausender, die in Colorado und in der Schweiz zu den besonderen Sehenswürdigkeiten gehören, noch nicht genau bestimmt wurde.

15 Meter Schnee sammeln sich jährlich auf dem Bagley Icefield an, das 75 namentlich bekannte und viele andere Gletscher speist, deren Schmelzwasser wiederum die über 20 Flüsse und Flußauen des Parks auffüllt. Der Malaspina Glacier ist größer als der Staat Rhode Island. Der Bering- und der Nabesna-Gletscher zählen zu den längsten der Welt. Aus dem dicken Gletschereis ragen zahlreiche Bergspitzen empor.

Gletscher haben in Jahrmillionen die atemberaubende Topographie der Berge geschaffen. Einige Gletscheraktivitäten können aber auch zu überraschend schnellen Landschaftsveränderungen führen. So trennte 1986 eine plötzliche Bewegung des Hubbard Glacier den Russel-Fjord vom Ozean, füllte ihn mit frischem Wasser und ließ alle dort lebenden Delphine und Seehunde qualvoll sterben, weil sie kein Salzwasser mehr hatten; aber nach sechs Monaten brach der Eisdamm wieder.

Bergziegen leben auf der Südseite der Saint Elias Range. Dieses Gebiet bietet auch den Lebensraum für die überaus seltenen Gletscherbären. Wo der Malaspina Glacier in den Golf von Alaska gleitet, zwischen der treffend benannten Icy Bay und der Yakutat Bay, tummeln sich Seelöwen und Seehunde. Weißkopfadler nisten in den Felsen. Alaska- oder Kodiakbären, die größten Raubtiere der Erde, leben im bergigen Landesinneren. Etwa 10000 weiße Dickhornschafe beherrschen das Bild in den nördlichen Wrangell Mountains, deren Flußtäler auch Elche und Biber beheimaten.

Gipfel der Saint Elias Range überragen das Bagley Icefield.

Oben rechts: Malaspina Glacier, Wrangell-St.-Elias Nationalpark.

Unten rechts: Kodiakbären beim Lachsfang am Brooks Falls.

Gegenüber: Schmelzwasserpfützen auf der Oberfläche des Malaspina Glacier.

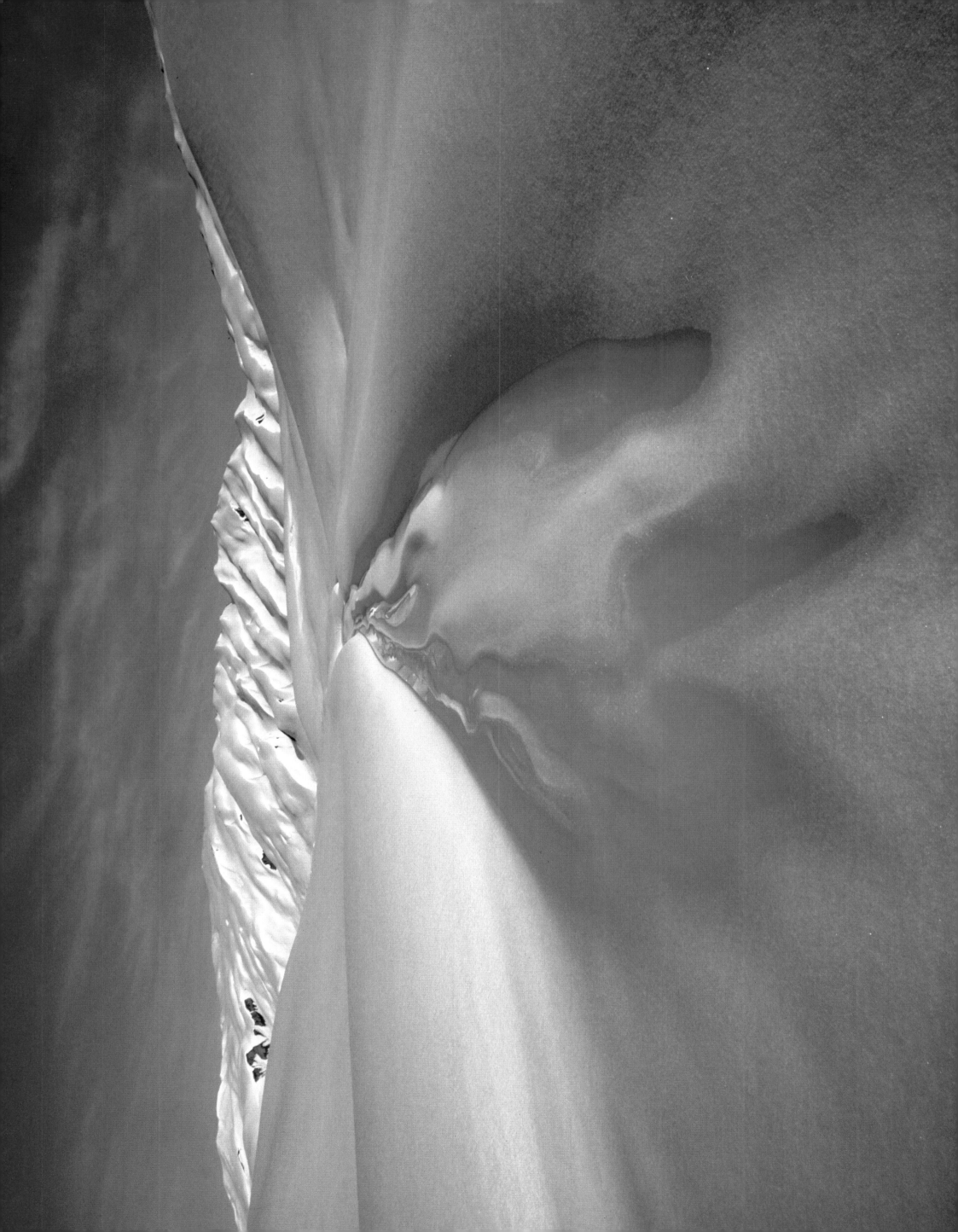

Mount Saint Helens, der jüngste und aktivste der 15 Vulkane in der Cascade Range, ist ungefähr 40000 Jahre alt. Heftige Vulkantätigkeiten wurden zu Beginn des 19. Jahrhunderts festgestellt. 1980, als der Vulkan aus einem 123jährigen Schlaf erwachte, wurden moderne wissenschaftliche Methoden angewendet, um den Vorgang zu dokumentieren. Im März gab es ein Erdbeben der Stärke 4. Ein zähflüssiger Magmastrom trat heraus, der die Nordseite des Vulkans sichtbar veränderte. Der Strom wuchs täglich um ungefähr 1,5 Meter und war schließlich 90 Meter lang. Am 18. Mai 1980 löste ein weiteres Erdbeben, dieses Mal mit einer Stärke von 5,1, den größten jemals gemessenen Erdrutsch aus: Rund vier Millionen Kubikmeter der nördlichen Gebirgsseite wurden in einer gewaltigen Lawine mit nach unten gerissen und bedeckten dort über 60 Quadratkilometer mit einer durchschnittlich 45 Meter dicken Schicht.

Dieses Erdbeben und die Schuttlawine waren jedoch nur die Vorboten des wirklich großen Ereignisses am Mount Saint Helens: Die in seinem Inneren zusammengedrückten Gase und Magmaströme entluden sich, durch den Erdrutsch „entkorkt", in einer gewaltigen Explosion, die eine Fläche von 389 Quadratkilometern verwüstete und fast die gesamte Vegetation im Umkreis von 25 Kilometern dem Erdboden gleichmachte. Neun Stunden lang hielt sich eine 20 Kilometer hohe Aschenwolke über dem neuen Krater und verdunkelte den Himmel über 200 Kilometer weit, wobei die herunterfallenden Funken zahlreiche Waldbrände auslösten. Insgesamt wurden 540 Tonnen Asche über eine Fläche von 57000 Quadratkilometern verstreut. 56 Menschen wurden bei dieser Katastrophe getötet, außerdem 5000 Stück Rotwild, 1500 Roosevelt-Elche, 200 Schwarzbären und Millionen Vögel und Fische. Mehr als 3.240 Quadratkilometer Wald wurden vernichtet, doch die Forstverwaltung hat seitdem ungefähr zehn Millionen Bäume wiederaufgeforstet, hauptsächlich Douglas- und Edeltannen. Im Jahre 1982 legte der Nationalkongreß den Grundstein für das Mount St. Helens National Volcanic Monument. Wissenschaftler aus aller Welt reisen dorthin, um den Vulkanismus und seine Auswirkungen auf die Geologie und Biologie dieser Region zu studieren.

Im Hawaii Volcanoes Nationalpark sind die noch aktiven Vulkane, Mauna Loa (4100 Meter) und der Kilauea (1223 Meter) unter Naturschutz gestellt worden. Üppige Dschungel gedeihen auf ihren östlichen Hängen, und aktive Lavafelder auf den westlichen umgeben die dürre, kahle Kau-Wüste, eine Mondlandschaft, die nach und nach durch Lavaströme geschaffen wurde.

Schwefelgeruch begrüßt einen auf dem höchsten Punkt der Chain of Craters Road, die einen wunderschönen Blick über Steaming Bluff in die Kilauea Caldera ermöglicht. Wanderer, die am Kraterrand entlang oder über den 10,5 Kilometer langen Halemaumau-Pfad kommen, können einen Blick auf Pele, den Gott des Feuers, werfen. Durch das „kipuka", ein von Lavaströmen und Aschekegeln umgebenes, fruchtbares Stück Land, wo üppige Wiesen und für die einheimische Pflanzen- und Tierwelt lebensnotwendige Bäume gedeihen, führt ein 2,5 Kilometer langer Pfad zum Bird Park.

Nach einer hawaiianischen Legende hat der Halbgott Maui die Sonne mit einem Lasso eingefangen, weil sie immer zu schnell über die Insel raste, als daß die Wäsche seiner Mutter hätte trocknen können. Er zwang die Sonne, über der hoch emporragenden Spitze des schlummernden Vulkans Haleakala zu verweilen. Der große Vulkan bildet eine Barriere für die vom Meer heraufziehenden Regenwolken, so daß im Südosten der Insel ein üppiger Regenwald entstehen konnte, während der ausgedörrte Vulkangipfel mit seinen vereinzelten Aschekegeln meist in der Sonne liegt. Der letzte Ausbruch des Haleakala muß sich etwa 1790 ereignet haben. Zu dieser Annahme führte ein Vergleich zweier Karten der hawaiischen Südwestküste aus den Jahren 1786 und 1793. In einer breiten, nach dem ersten Kartographen Count de la Perouse benannten Bucht breitet sich auf der zweiten Karte eine Halbinsel aus, ein erkalteter Lavastrom.

Der Krater ist die Heimat einer nur dort vorkommenden Pflanzenart, des Silberschwerts. Die Hawaiianer nennen es „ahinahina", was „grau" bedeutet. Ihre feinen, silbrigen Blätter bilden eine schimmernde Feder, aus der ein hoher (bis zu 2,5 Meter), schwertähnlicher Stiel wächst, der purpurfarbene Blüten trägt. Das Silberschwert blüht nur ein einziges Mal und stirbt, wenn es verblüht ist.

D ank John Deeres Erfindung des Eisen-
pflugs im Jahre 1837, die die großflä-
chige Kultivierung der Prärieweiden
ermöglichte, besteht die Fläche des Staates
Illinois heute zu 80 Prozent aus Ackerland.
Neben den im gesamten Bundesstaat angebau-
ten Sojabohnen ziehen sich Mais- und Wei-
zenfelder in ordentlichen Reihen bis zum Horizont. Die hohen Gräser, die einst die endlosen
Prärien bedeckten, waren durch 4,5 Meter
tiefe Wurzeln in der Erde verankert und beug-
ten der Erosion vor, die dort nach der Kultivierung zum Problem wurde. Die tiefen Wurzeln ermöglichten den Gräsern auch, wieder
nachzuwachsen, wenn sie von den periodisch
auftretenden Präriebränden vernichtet wurden.
Viele Nahrungsmittel der Amerikaner stammen von dort. Iowa hat die höchste Maispro-
duktion Amerikas und steht in der Viehzucht
hinter Texas an zweiter Stelle. Die Farmen
Iowas wirken so friedlich wie auf den Bildern
amerikanischer naiver Maler, wodurch der
Staat zum Inbegriff des amerikanischen länd-
lichen Idylls wurde. Obwohl heute in Iowa
nur jede zehnte Familie auf einer Farm lebt,
gibt es hier immer noch mehr Farmen als in
irgendeinem anderen Staat, abgesehen von
Texas, das wesentlich größer ist.

Kansas, die Kornkammer Amerikas, ist
führend in der Winterweizenproduktion, seit
russische Einwanderer die robuste und
winterfeste Sorte „Turkey Red" einführten.
Noch vor der Jahrhundertwende war Weizen
die wichtigste Kulturpflanze im Süden des
Staates Wisconsin. Doch der Boden wurde
durch diese Getreideart so sehr ausgelaugt,
daß Naturschützer Alarm schlugen. Bürgerini-
tiativen brachten schließlich die Farmer dazu,
aus ihrem Land Weideland zu machen, und
heute zählt Wisconsin 1,7 Millionen Milch-
kühe auf 37000 milchwirtschaftlich orientier-
ten Farmen. Der Bundesstaat, in dem der Verkauf von Margarine bis Mitte der sechziger
Jahre verboten war, ist heute führend in Amerikas Milch-, Käse- und Butterproduktion.

Oben: Winterlicher Nebel über einer Farm in der
Nähe von Vermillionvile, Illinois.
Unten: Kühe auf gefrorenen Weiden in Iowa.
Gegenüber: Ein Mähdrescher bei der Haferernte
im Südwesten Wisconsins.

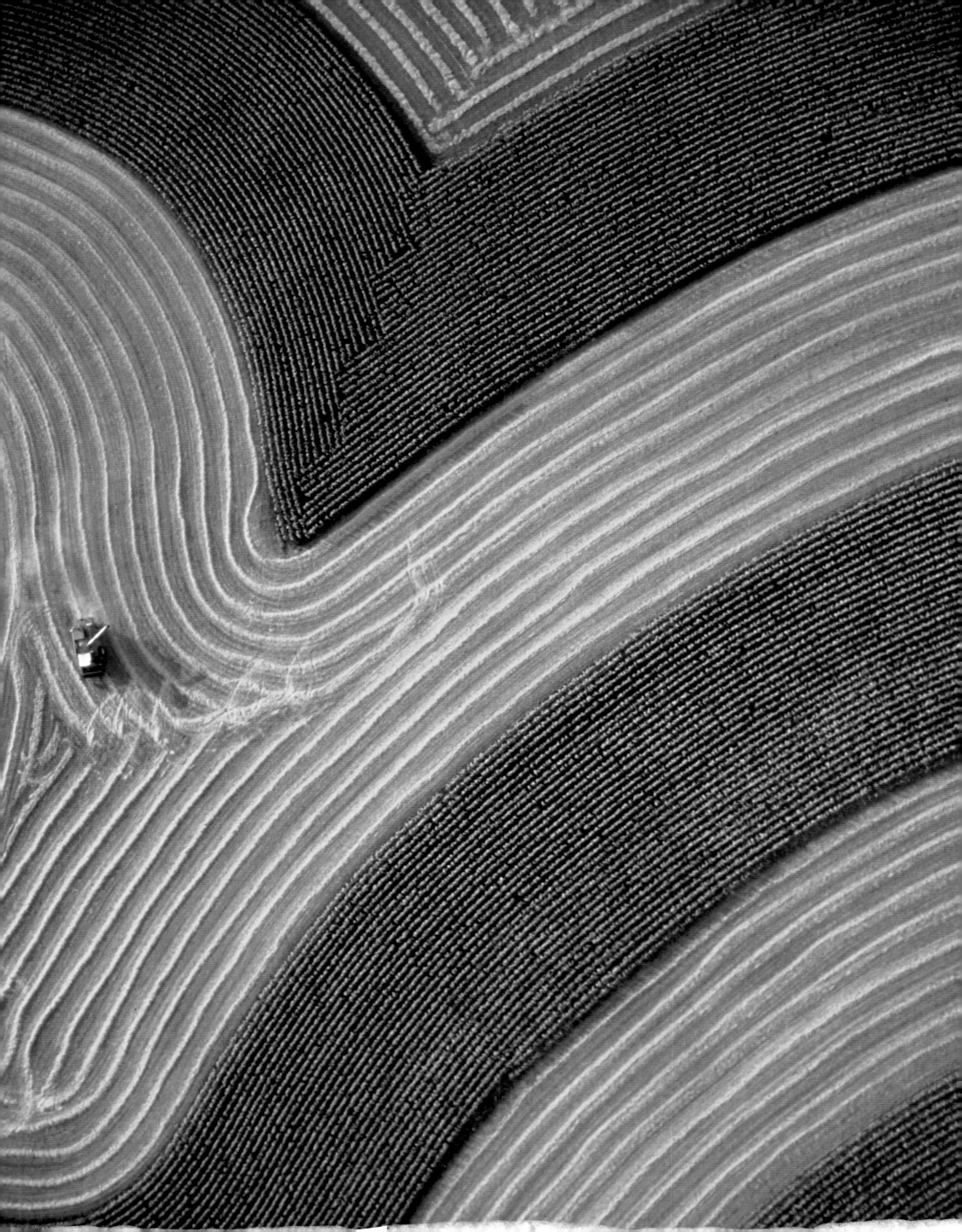

Oben: Frühjahrsschnee auf Weiden in Wisconsin.

Unten links: Scheunen und Windmühle in der Nähe von Streator, Illinois.

Oben rechts: Die Form der Getreidesilos birgt technische Vorteile: Runde Wände sind widerstandsfähiger, weil der Druck gleichmäßig verteilt wird; und mit Beton kann dreimal höher gebaut werden als mit Holz.

Gegenüber: Diese Farm in der Nähe von Eldora, Iowa, ist Sinnbild für den unermeßlichen landwirtschaftlichen Reichtum Amerikas.

Kalifornien liefert annähernd 90 Prozent der amerikanischen Weintrauben, eine Frucht, die getrocknet als Rosinen oder gepreßt und gekeltert als Saft oder Wein verkauft wird. Tausende Hektar Wein umgeben die Hauptverwaltung der Sunmaid Raisin Company, südlich von Fresno. Mehrere Millionen Hektar Land in ganz Kalifornien sind mit Weintrauben bepflanzt worden, seit Franziskaner-Mönche 1780 damit begannen. Ableger europäischer Weinreben in der Napa-Sonoma-Region zu kultivieren. Mit importierten Weinsorten, die auch in den klimatischen Randgebieten gediehen, konnten in Kalifornien (wo der meiste Wein produziert wird) sowie in Oregon und Washington neue Weinbaugebiete erschlossen werden. Nördlich von Santa Barbara überziehen die Weinbauflächen von 40 verschiedenen Weinproduzenten das

idyllische Santa Ynez Valley, in dem auch noch einige Ranchen Pferdezucht betreiben. Weiter südlich gelangen kühle Pazifikwinde durch eine Schlucht ins Temecula Valley, wo die ersten 1967 gepflanzten Weinstöcke heute eine Produktion von 144000 Kisten pro Jahr ermöglichen.

Im Salinas Valley wachsen Obst und Gemüse im Überfluß, weshalb man das Tal auch als größte Salatschüssel der Welt bezeichnet. Hier gedeihen Eisbergsalat, Artischocken, Pilze, Spargel und Erdbeeren. Etwa 134 Quadratkilometer des Salinas Valley werden für den Weinbau genutzt. Das flache, fruchtbare San Joaquin Valley teilen sich Ranchen, die im Schnitt um die 25 Quadratkilometer (2.500 Hektar) Land umfassen. Ein Drittel des konservierten und tiefgefrorenen Obstes und Gemüses in den amerikanischen Super-

märkten sowie eine große Palette frischer Produkte stammen aus diesem Gebiet.

Das Willamette Valley war schon früh als fruchtbares Ackerland bekannt und lockte viele Pioniere an. Als Oregon sich 1859 dem amerikanischen Staatenbund als 33. Bundesstaat anschloß, gab es am Willamette River zahlreiche blühende Obst- und Walnußplantagen. Seit 1970 haben sich hier mehr als 40 Weinkellereien niedergelassen, und die Hälfte der Anbauflächen wird mit der Pinot-Noir-Rebe bepflanzt, die vorzugsweise für Burgunder verwendet wird.

Unten: Im Willamette Valley in Oregon wachsen die berühmten Pinot-Noir-Trauben, durch die das Tal zu einem florierenden Weinbaugebiet wurde.

Gegenüber: Im malerischen Santa Ynez Valley im nördlichen Santa Barbara County gibt es Weinbaugebiete, Pferderanchen und Avocado- und Walnußbaumwäldchen.

Unten und rechts: Ein schachbrettartig angelegtes Feld mit Schnittblumen im fruchtbaren Delta des Skagit Rivers im Nordwesten Washingtons. Tulpen, Osterglocken, und Schwertlilien tauchen das Feld im Frühling in leuchtendes Rot, Gelb und Blau. Die ersten Siedler bauten Deiche, um das Meerwasser abzuhalten. So konnte sich das fruchtbare Schwemmland des Flusses sammeln und jenen ergiebigen Boden bilden, der Beeren, Gemüse und Schnittblumen so prachtvoll gedeihen läßt.

Am nördlichen Ende von Long Island gibt es noch einige kleine Farmen, die im Sommer frisches Obst und Gemüse an die Touristen verkaufen. Kürbisse sind die letzten Früchte, die vor Einbruch des Winters geerntet werden.

Unten: Taro, ein stärkehaltiges Wurzelgemüse, wird zu einer Paste („Poi") verarbeitet, die ein Hauptbestandteil der hawaiischen Kochkultur ist. Taro wächst sieben Monate lang auf tief liegenden Feldern wie diesem im Hanalei Valley auf Kauai. Zucker, Ananas, Blumen und die Konakaffeebohne sind weitere wichtige Früchte der hawaiischen Landwirtschaft.

Als mormonische Siedler die westlichen Wüstenlandschaften durchzogen, gaben sie dem Joshua-Baum seinen Namen, weil sie in seiner merkwürdigen Gestalt ihren Propheten zu erkennen glaubten, der ihnen den Weg wies. Der beträchtliche Bestand an Joshua-Bäumen, bei denen es sich tatsächlich um riesige Liliengewächse handelt, verhalf dem Joshua Tree Nationalpark, der sich circa 225 Kilometer östlich von Los Angeles und 48 Kilometer nordöstlich von Palm Springs befindet, zu seinem Namen. In diesem Park treffen zwei äußerst verschiedene Wüstenökosysteme aufeinander: Massive Geröllformationen und fünf Oasen befinden sich im 1200 Meter hoch gelegenen Mojave-Wüstenabschnitt. Der östliche Abschnitt des gut 2000 Quadratkilometer umfassenden Parks weist Züge der Colorado-Wüste auf, mit den für diese Wüste typischen Pflanzenarten.

Der staatliche Anza Borrego Desert Park umfaßt 2428 Quadratkilometer der nordöstlich von San Diego gelegenen Colorado-Wüste. Wilde Frühlingsblumen gehören zu den faszinierenden Wahrzeichen dieses Parks, der darüber hinaus wundervolle Ausblicke auf Baja California und Salton Sea bietet. Mehr als 20 Palmenhaine und riesige Bestände an Elefantenbäumen säumen die Wanderwege. In sternenklaren Nächten empfiehlt sich ein Blick durch das Hale-Teleskop (Spiegeldurchmesser 5,1 Meter) im Palomar Observatorium bei Pasadena. Die nordöstliche Spitze der Anza Borrego fällt in die Salton Sink ab, an deren tiefster Stelle, circa 70 Meter unter dem Meeresspiegel, der 900 Quadratkilometer große Salton-Sea-Salzsee liegt.

Palm Canyon, in der Nähe von Palm Springs, Kalifornien. Eine Oase mit üppiger Vegetation und zahlreichen Washington-Palmen.

6. Amerika, Amerika!

❖ Der Appalachian Trail

Im Jahre 1925 wurden die privaten Bemühungen, einen Kammwanderweg durch die östlichen Küstenstaaten, von Georgia bis Maine, zu schaffen, in der Appalachian-Trail-Konferenz zusammengefaßt. Erst im Jahre 1968 wurde ein 3450 Kilometer langer Wanderweg fertiggestellt und zum längsten Nationalpark der Vereinigten Staaten erklärt. Wie ein grüner Korridor zieht er sich durch 14 Bundesstaaten und führt durch eines der dichtbesiedelsten Gebiete Amerikas. Nicht mehr als 240 Kilometer von den größten Städten, Boston, New York, Philadelphia, Baltimore, Washington und Atlanta entfernt, schlängelt er sich durch unberührte Wälder und Pässe. Wer den Pfad ohne Unterbrechung erwandern will, braucht dazu gut vier Monate: täglich 24,5 Kilometer mit circa 5 Millionen Stufen, und das 140 Tage lang! Jährlich nehmen etwa 150 Wanderer die Strapazen auf sich.

Obgleich sich der Appalachian Trail vom tiefen Süden bis in den nordöstlichsten Staat erstreckt, wirkt die Landschaft überraschend harmonisch: die Great Smoky Mountains, die 20 Gipfel über 1800 Meter aufweisen können, erheben sich majestätisch über Ebenen mit Pfirsichbäumen und Tabakpflanzen im Süden. Sie bieten Tannen, Fichten und den für Neu England typischen Laubbäumen noch unter der Baumgrenze. Selbst die höchsten Gipfel liegen als 100 Baumarten. Ausdünstungen der stark bewaldeten Hänge bilden einen blauen Schleier, der zusammen mit den Nebelwolken und der von den

starken Regenfällen herrührenden Feuchtigkeit den Great Smoky Mountains ihren Namen gegeben hat. Zuweilen wird der Wald auf den Kämmen dünner. Dann bietet sich ein wunderbarer Blick auf die Laubwälder des Vorgebirges und die darunterliegenden, geschützten Täler. Das friedliche Bild steht im Gegensatz zu der wechselvollen Geschichte des zwischen den Alleghenies und den Blue Ridge Mountains gebetteten Shenandoah Valley. Zu Beginn des 19. Jahrhunderts bestand ein Drittel des heimischen Waldes aus Kastanienbäumen. Diese wurden jedoch von einem aus Asien eingeschleppten Pilz befallen, und bis 1930 war der gesamte Bestand abgestorben. Einige der heftigsten Schlachten des Amerikanischen Bürgerkrieges wurden in diesem Gebiet geschlagen. Für den Norden wurde es zum „Tal der Demütigung", weil hier 1861 die konföderierten Truppen die Unionsarmee in die Flucht schlugen. 1865 rächten sie sich auf schreckliche Weise. Sie brannten Farmen und Wälder nieder, in der Absicht, eine solche Zerstörung zu hinterlassen, daß „keine Krähe hier mehr ein Korn finden würde".

Links: Balsambäume entlang des Blue Ridge Parkway in North Carolina.

Rechts: Der Appalachian Trail führt durch den Great Smoky Mountains Nationalpark.

Gegenüber: Sonnenaufgang, von den Beacon Heights, Blue Ridge Parkway, aus gesehen.

Während der Zeit der Depression nahm sich das Civilian Conservations Corps der arg gebeutelten Landschaft an. Der sogenannte Ghost Forest der abgestorbenen Kastanienbäume wurde aufgeforstet. Eine gewundene Straße macht dieses Gebiet nun auch Autofahrern zugänglich. Der malerische Blue Ridge Parkway windet sich über 755 Kilometer durch die Süd-Appalachen und den Great Smoky Mountains Nationalpark in North Carolina und Tennessee und stößt dann auf den 145 Kilometer langen Skyline Drive, der durch den Shenandoah Nationalpark in Virginia führt. Auf dieser Route kann man die Schönheit der östlichen Berge genießen.

Der flachste Abschnitt des Appalachian Trail durchquert die nordwestliche Ecke New Jerseys, biegt dann ab ins südliche Hudson River Valley, folgt dem Housatonic River durch Connecticut und führt in einem weiten Bogen um den Ballungsraum von New York. Langsam steigt der Pfad nun die sanften Hügel von Berkshire hinauf, und bietet von den Green Mountains im Zentrum des Bundesstaates eine wunderbare Aussicht auf die verträumten Städtchen Vermonts. In Hanover, New Hampshire, überquert er den Connecticut River und führt dann über den Rasen des Dartmouth College, wo schon so mancher müder Wanderer eine Stärkung erhält, bevor er die Presidential Range von New Hampshires White Mountains erklimmt, bis hinauf auf den höchsten Gipfel, den 1890 Meter hohen Mount Washington.

Der Endpunkt des Appalachian Trail, am Mount Katahdin, der sich 1580 Meter über dem Baxter State Park im Zentrum von Maine erhebt, erinnert an eine Persönlichkeit, deren Engagement die Schaffung dieses nationalen Juwels zu verdanken ist: Percival Baxter, von 1921 bis 1925 Gouverneur von Maine, versuchte während seiner Amtszeit vergeblich, ein Naturschutzgebiet um den Mount Katahdin zu errichten. Nachdem er 1930 zunächst 25 Quadratkilometer Land von der Great Northern Paper Company erworben hatte, kaufte er stückweise Land hinzu, bis sein Park 809 Quadratkilometer umfaßte. Diesen Park übertrug er schließlich dem Bundesstaat Maine, unter der Auflage, daß er nicht dem Nationalparksystem angeschlossen werden würde. Er befürchtete nämlich, daß der Park andernfalls, ähnlich wie Acadia, der die zweithöchste Besucherzahl unter den Nationalparks aufweist, seine natürliche Wildheit einbüßen würde.

Oben: Die Ortschaft Newry am Androscoggin River (Maine), ein typisches Beispiel für die idyllischen Dörfer Neu-Englands.

Unten links: Dartmouth College und Hanover in New Hampshire.

Unten rechts: Kent Falls State Park in Connecticut.

Gegenüber: Wolken über dem Mount Katahdin.

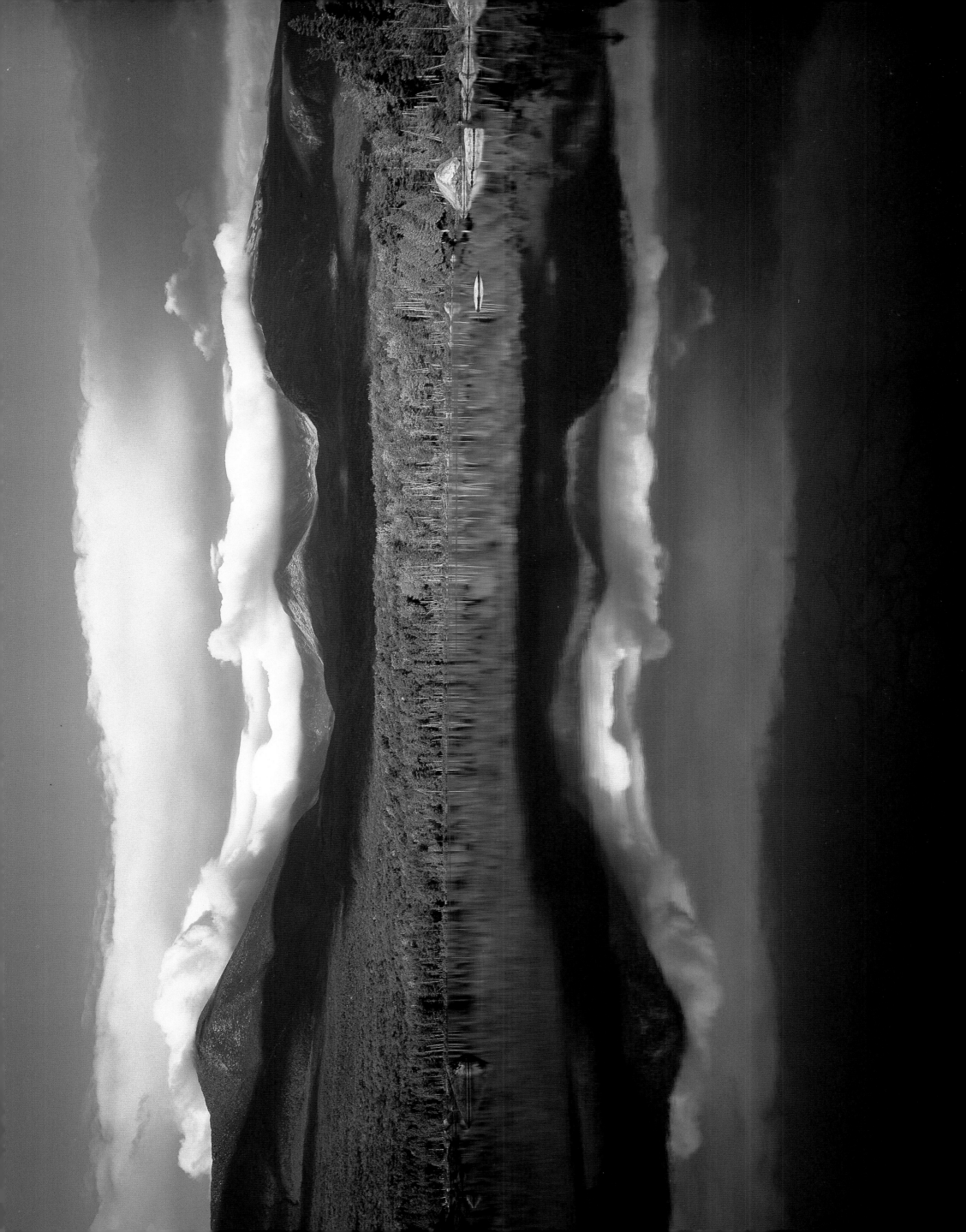

❖ Entlang des Mississippi River

Im Jahre 1673 fuhren die französischen
Entdecker Joliet und Marquette fast den
gesamten Mississippi herunter. Nachdem
ihr Landsmann La Salle am 9. April 1682 die
Mississippi-Mündung erreicht hatte, bean-
spruchte er das gesamte Flußtal für seinen
König, Louis XIV., und nannte das Gebiet
ihm zu Ehren „Louisiana". Die viel umstritte-
ne Quelle des Mississippi wurde 1832 in
einem See im Nordwesten Minnesotas entdeckt. Dieser See wurde „Itasca" getauft, ein
Name, der sich aus den Anfangssilben des
lateinischen „veritas" und „caput" („Wahrheit"
und „Kopf") zusammensetzt. Der Mississippi
ist die wichtigste binnenländische Wasser-
straße Amerikas. Sein Einzugsgebiet umfaßt
3,2 Millionen Quadratkilometer. Obwohl er
nicht so viel Wasser führt wie der Ohio und
nicht so lang ist wie der Missouri, macht seine
zentrale Lage den „Old Man River" zum
wichtigsten Fluß Nordamerikas.

Das Erscheinungsbild dieses Flusses
ändert sich fortwährend auf seinem langen
Weg in den Golf von Mexiko. Im Norden
Minnesotas schlängelt er sich zunächst durch
unberührte Wälder und Sümpfe. Für die kom-
merzielle Binnenschiffahrt ist er erst ab Mine-
apolis/St. Paul nutzbar. In Iowa und Illinois

hat er bis zu 180 Meter hohe Steilufer geschaffen und im Kalksteinufer im Staate Missouri sehr viele Höhlen.

In Cairo, an der Südwestspitze von Illinois, mündet der mächtige Ohio River in den Mississippi. Der nun breitere Wasserweg rauscht weiter auf seinem Weg in den Golf von Mexiko.

Zu Beginn des 19. Jahrhunderts, als die ersten Siedler sich aus den neuen Kolonien aufmachten, um großflächigere und fruchtbarere Gebiete zu finden, war Zentralamerika noch von dichten Wäldern bewachsen. Mehr als die Hälfte der Fläche des Staates Wisconsin ist immer noch mit Wald bedeckt, und auch die südlichen Regionen der Staaten Ohio, Indiana, Illinois und Missouri zeichnen sich durch ihre waldbedeckten Hügel aus. Diese lagen zu weit südlich, um von den Gletschern eingeebnet werden zu können. Die Wälder wurden gerodet. Sie lieferten das Holz für den Bau der kleinen Städte, von denen diese Region schnell überzogen war. Das Holz wurde als Brennmaterial benutzt, das Land zu Ackerland umgepflügt. Auf den Feldern wachsen Futterpflanzen, wie Sojabohnen, Mais, Weizen, und liefern Nahrung für die Rinder, Schweine, Schafe und Hühner auf den modernen, produktionsorientierten Farmen, die heutzutage das Bild des amerikanischen Herzlandes bestimmen. Das Wasser der Flüsse und Seen ist zwar nützlich, doch erst die jährlichen 1020 mm Niederschlag machen das Land produktiv.

Blick auf den Mississippi vom Pikes Peak State Park in Iowa.

Gegenüber:

Oben links: Die Spoon Bridge vor der Skyline von Minneapolis.

Oben rechts: Das Kapitol des Staates Minnesota ist ein Beaux-Arts-Gebäude, das 1896 von Cass Gilbert entworfen wurde. Daneben ist die 1915 fertiggestellte French Baroque Cathedral of Saint Paul zu sehen.

Unten: Den 190 Meter hohen Bogen über der Skyline von Saint Louis entwarf der finnische Architekt Eero Saarinen als ein Symbol für die historische Rolle der Stadt als Tor zum Westen.

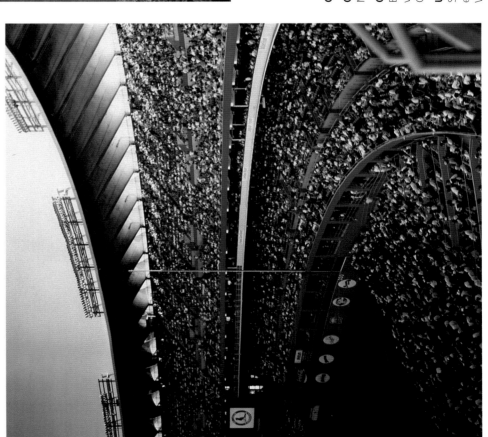

Die Flußschleifen des Mississippi bilden die Westgrenze der Staaten Kentucky, Tennessee und Mississippi. Sie begrenzen Arkansas im Osten und Louisiana im Norden. Wenn der breite Fluß das untere Marschland erreicht, führt sein Lauf in ein verzweigtes Netz von Seen, sumpfigen Flußarmen, Zypressen- und Tupelosümpfen sowie Buchten, deren Aussehen sich durch die Gezeiten drastisch ändert. Diese Wasserwelt bietet Alligatoren und Bibern sowie Silberreihern, Reihern, Kormoranen und anderen Wasservögeln einen idealen Lebensraum. Die riesige Menge Treibsand, die das Flußsystem mit sich bringt, hat ein großes Schwemmsanddelta gebildet. Dieses hat eine derart unregelmäßige Form entwickelt, daß die 420 Luftlinienkilometer zwischen der Grenze des Staates Texas und Mississippi einem ungefähr 16000 Kilometer langen Streifen entlang der Küste des Golfes entsprechen.

Einer Flußschleife des Mississippi verdankt die Stadt New Orleans ihren Spitznamen „Stadt des Halbmondes". Der Fluß ist die Lebensader dieser Stadt, wie es schon Thomas Jefferson vorhersagte. In den 30 Jahren, nachdem das erste Dampfschiff 1812 New Orleans erreichte, haben 400 Schiffe den Mississippi befahren. Sie brachten Baumwolle und Indigo von den südlichen Plantagen und Futterpflanzen aus dem Herzen des Landes zum Verkauf in den geschäftigen Hafen. Die Stadt, in der die Seereise endet und die Flußfahrt beginnt, entwickelte eine erfrischende Art der Gastlichkeit, die sich auch in der besonderen Architektur und in der Eßkultur zeigt – aber auch im Jazz, der afrikanische Arbeiterlieder und christliche Hymnen zu einer ganz neuen Sprache vermischte.

Zypressen im Atchafalaya Basin, 7690 sumpfige Quadratkilometer westlich von Baton Rouge.

Links: Schleppkahn und Skyline von New Orleans. Uferdämme sind unverzichtbar, um die Fluten des Mississippi im Zaum zu halten. Auch der riesige Hafen von New Orleans wird mit Dämmen geschützt. Hier werden mehr Tonnen umgeschlagen als in New York oder Houston.

Unten:

Links: Gaslaternen und Hauseingänge in New Orleans.

Mitte: Kein Gebäude im French Quarter ist höher als die Turmspitze der Saint Louis Cathedral.

Rechts: Die kunstvoll gearbeitete, gußeiserne Einzäunung des Cornstalk Hotels ist ein verspieltes Detail der phantasievollen Architektur von New Orleans.

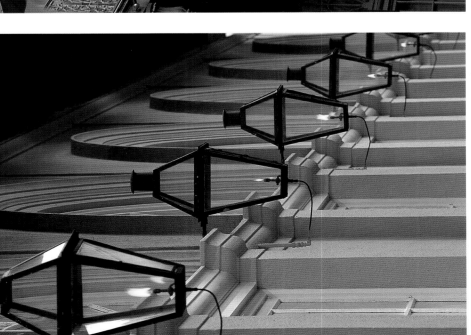

❖ Der Oregon Trail

Wegen seiner enormen Länge (ca. 3220 Kilometer) ging der Oregon Trail in die Geschichte der Menschheit ein. Als im Mai 1843 die ersten 1000 Männer, Frauen und Kinder Independence, Missouri, verließen, begann eine 25 Jahre dauernde Wanderungsbewegung. Die Pioniere, die dem Oregon Trail folgten, verließen die Zivilisation, um sich auf der Suche nach ihrem Traumland auf eine gefährliche Reise durch die Wildnis zu begeben. Die Spuren der Wagenräder im Kalkstein erinnern wie stumme Zeugen an den Marsch von 300000 Menschen in Richtung Pazifik und sind ein Beweis für den unbeugsamen Willen, ohne den die Besiedlung des Westens kaum möglich gewesen wäre.

Bevor die Prärie mit dem Pflug umgebrochen wurde, wuchsen hier hüfthohe Gräser,

wie sie heute nur noch in den Oglala National Grasslands, im Westen Nebraskas, zu sehen sind. Um 1830 hatten sich die Oglala-Indianer, die zum Stamm der Sioux gehörten, in den reichen Jagdgebieten der North-Platte niedergelassen. Das hohe Gras bot den Büffeln reichliche Nahrung und sollte später auch den Hunger der Ochsen und Esel stillen, die die Planwagentrecks über den Oregon Trail zogen. Über 280 Quadratkilometer Grasland, das von den Wildcat Falls begrenzt wird, bewahren die Erinnerung an die weite, menschenleere Landschaft, die die ersten Siedler während ihres sechsmonatigen Marsches Richtung Westen durchqueren mußten.

Die Pioniere beeilten sich, um Independence Rock, einen Orientierungspunkt am Sweetwater River in der Mitte Wyomings, bis zum 4. Juli zu erreichen. So konnten sie die Cascades noch im September überqueren,

bevor der erste Schnee fiel. Sie kratzten ihre Namen in den Felsen vor ihrer Wagenburg. Hier schöpften sie Kraft, bevor sie mit dem Aufstieg in die Rockies begannen. Der South Pass, in 2224 Meter Höhe, war der einfachste Weg, um die Große Wasserscheide mit Wagen und zu Fuß zu überqueren. Aus diesem Grund folgte der über 1450 Kilometer langen Reise dieser Route. Nach der 1450 Kilometer langen Reise kamen sie nun durch eine dürre Landschaft, in der es kaum Wasser gab. Doch diejenigen, die die erste Hälfte des Trecks überlebt hatten (etwa 10000 Menschen kamen in den ersten beiden Jahrzehnten ums Leben und wurden am Rande des Pfades begraben), klammerten sich entschlossen an ihren Traum vom Neubeginn in einer neuen Welt, deren Konturen sie schon schwach vom Gipfel des South Pass aus erkennen konnten.

Links: Inschriften, wie diese auf dem Register Cliff in Wyoming, zeugen von den vielen Siedlern, die dem Oregon Trail folgten.

Rechts: Der weite Blick vom Gipfel des South Pass.

Gegenüber: Ein verlassenes Haus, umgeben von einem Gräsermeer. Im Hintergrund die grauen Wildcat Hills in den Oglala National Grasslands in Nebraska.

M ormonische Siedler verließen den Treck bei Parting of the Ways, Wyoming, und folgten der südlichen Abgabelung. Sie überquerten das Great Basin, um Schutz vor Verfolgung in einem Land zu suchen, „das sonst keiner haben will". Brigham Young hoffte, daß seine Anhänger nach der Überquerung der Wasatch Mountains in dieser Region mit ihren prähistorischen, ausgetrockneten Seen und unendlichen Salzflächen am Rande des Great Salt Lake nun endlich Frieden finden würden. In der ersten Hälfte des Jahres 1850 strömten ungefähr 50000 mormonische Siedler in dieses Gebiet und prägten das Erscheinungsbild ihrer neuen Heimat. Auch wenige andere kamen bis zum Great Basin; sie trafen jedoch erst nach dem 10. Mai 1869 ein, als die aus Osten kommenden Schienenstränge der transkontinentalen Eisenbahn mit denen aus dem Westen mit einem goldenen Nagel am Promontory Summit, Utah, verbunden wurden.

Hinter dem South Pass führt der Weg durch Wüstencanyons und über unwegsame Gebirgsflächen. Der Treck stieß bei Fort Hall auf den Snake River und folgte dem Flußlauf ungefähr 483 Kilometer weiter bis nach Fort Boise, Idaho. Hier fanden sie ein wasserreiches Gebiet vor, das reichlich Fisch bot, eine willkommene Abwechslung für ihren kargen Speiseplan. Nachdem sie die Ebene des Snake River verlassen hatten, stand dem Treck die kräftezehrende Überquerung der Blue Mountains bevor, wenn sie den Columbia River, das Tor zum Pazifik, erreichen wollten. Den südlichen Ufern des Columbia River konnte man weitgehend über Land folgen, doch die steilen Ufer der Schlucht zwangen viele, den Fluß mit dem Floß zu befahren oder die teuren Gebühren der Hudson Bay Company zu zahlen, die ihre Schiffe hier für die Überfahrt einsetzte. An diesem Punkt der Reise waren die Vorräte meist schon aufgebraucht. Oft erschwerte auch ein frühzeitiger Wintereinbruch den letzten Teil des Marsches.

Rechts: Stansbury Mountains und die ausgedörrte Playa des Great Salt Lake in Utah.

Unten: An den Shoshone Falls in Idaho stürzt das Wasser an den vulkanischen Steinwänden in den Snake River hinab.

Gegenüber links: Multnomah Falls, Oregons höchster Wasserfall, ist während der Wintermonate mit Eis und Schnee bedeckt.

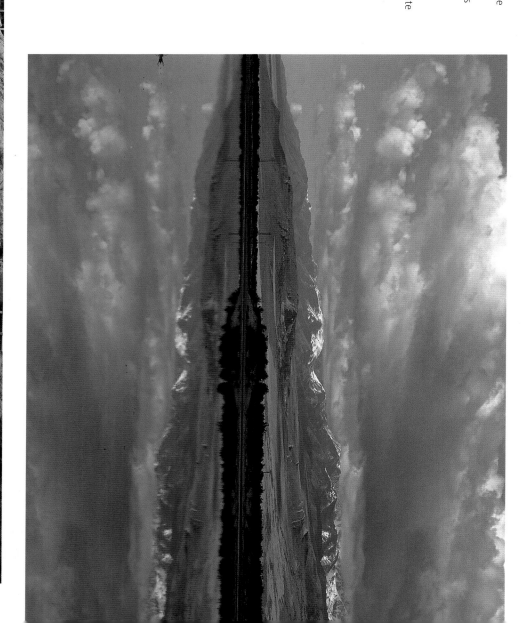

Oben: Aussicht vom Crown Point Overlook bei Sonnenuntergang. Starke Strömungen und meterhohe Wellen bestimmen den Punkt, an dem Columbia River und der Pazifik aufeinandertreffen. Dieser Platz gehört zu den gefährlichsten Gewässern der Welt. Doch für die völlig erschöpften Immigranten, die das Ende des Oregon Trails erreicht hatten, symbolisierte der Blick auf den Pazifik die verheißungsvollen Möglichkeiten eines Neubeginns im Westen.

Unten: Der eindrucksvolle, schneebedeckte Gipfel des Mount Hood erhebt sich über der üppigen Frühlingslandschaft des Hood River Valleys.

7. Die großen Städte

❖ Boston

Der Charles River trennt die beiden alten Stadtteile Beacon Hill und Back Bay im Zentrum von Boston von Cambridge, dem Sitz der Harvard University und dem Massachusetts Institute of Technology. Diese Lehrinstitute und die Boston University, die auf der Bostonbank des Charles River liegt, sind wohl die berühmtesten der vielen höheren Lehrinstitute, die diese Stadt zur Nummer eins unter den amerikanischen Universitätsstädten machen. „Alles, was ich über Bosten behaupte", schrieb Oliver Wendell Holmes, „ist, daß es das Denkzentrum des Kontinents, und somit des ganzen Planeten ist."

Mit seinen ehrwürdigen roten Ziegelhäusern war Beacon Hill schon immer ein elitäres Wohnviertel, seit man dort im Jahre 1810 zu bauen begann. 1795 legten Samuel Adams und Paul Revere den Grundstein für das von Charles Bulfinch entworfene Massachusetts State House. Seine goldene Kuppel und der eindrucksvolle Säulengang stehen am Rande des Boston Common. Dieses Stück Land wurde 1634 als öffentliches Gelände für weidende Rinder von der Bebauung ausgespart. Bis 1830 grasten hier Kühe, und manch einer vermutete sogar, daß das chaotische Straßennetz in Bostons Innenstadt wohl eher auf die Kuhpfade der Gründungszeit zurückzuführen sei als auf Stadtplanung.

Am äußersten Ende des schönen Public Garden liegt Back Bay, ein ehemaliges Sumpfgebiet, das Ende des 19. Jahrhunderts trockengelegt wurde. Die vornehmen, kunstvollen Villen an Bostons Hauptstraße, der Commonwealth Avenue, erinnern an ehrwürdige Matronen aus dem 19. Jahrhundert. Die von Arlington bis Hereford alphabetisch benannten Querstraßen sind von Häuserreihen im viktorianischen Stil geprägt und vervollständigen so das vornehme Bild dieses Stadtviertels.

New Town, die erste Hauptstadt der Massachusetts Bay Kolonie, änderte ihren Namen in Cambridge (nach der englischen Universitätsstadt), nachdem man dort im Jahre 1636 Harvard, die erste Universität Nordamerikas, gegründet hatte. Einige Gebäude im älteren Teil des baumbestandenen Harvard Yards wurden vor der Amerikanischen Revolution erbaut – die Harvard Hall (1764). Die Hauptbibliothek, die Widener Library, wurde nach einem Studenten benannt, der auf der „Titanic" ums Leben kam. Die University Hall, 1815 von Charles Bulfinch entworfen, verbindet den alten mit dem neuen Campus.

❖ Philadelphia

Philadelphia, Amerikas berühmteste Stadt im 18. Jahrhundert, war ein wichtiger Hafen und ein bedeutendes Finanz- und Regierungszentrum in der Gründungszeit der amerikanischen Republik. Ihr Einfluß begann zu schwinden, als die Regierung der Bundesstaaten im Jahre 1800 in den District of Columbia abwanderte. Heute ist Philadelphia die fünftgrößte Stadt der USA. Lange Zeit durfte kein Gebäude der Stadt höher als 162 Meter sein, da die Statue von William Penn aus dieser Höhe auf die Stadt herabschaut, die er 1682 gründete.

26 Gebäude und Sehenswürdigkeiten auf der „geschichtsträchtigsten Quadratmeile Amerikas" sind im Independence National Historical Park unter Natur- bzw. Denkmalschutz gestellt worden. Die von 1732–1748 erbaute Independence Hall war der Ort der wichtigsten Ereignisse der Gründungszeit der USA: der Erste und Zweite gesetzgebende Kongreß und die Verfassungskonvention, die 1787 zum ersten Entwurf einer demokratischen Verfassung führten. Die Glocke, die am 8. Juli 1776 geläutet wurde, um das Volk zur ersten Lesung der Unabhängigkeitserklärung zu rufen, wird erst seit 1830 „Liberty Bell" genannt, als sie zum Symbol der Sklavenbefreiung (Verfechter der Sklavenbefreiung) wurde.

Oben: Geschäftiges Treiben auf Boston's Quincy Market, eines von drei Einkaufszentren, die seit 1825 im Stadtzentrum in der Nähe des Marktplatzes entstanden.

Unten: Die Hauptgebäude des New Yard der Harvard University sind die Widener Library (links), die University Hall (Mitte) und die Memorial Chapel (rechts).

Gegenüber:

Mitte: Bostons höchster Punkt, Beacon Hill, erhebt sich über den Charles River.

Rechts: Liberty Hall und Independence Hall in Philadelphia.

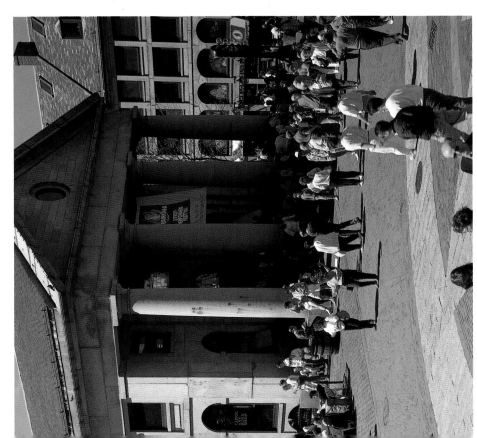

❖ New York

Eine Mauer, die 1653 am nördlichen Rand einer kleinen holländischen Kolonie im äußersten Zipfel Manhattans errichtet wurde, gab der heutigen Finanzhauptstadt der Welt ihren Namen. Die New Yorker Aktienbörse liegt in der Wall Street. Andere Wahrzeichen der Stadt sind die Zwillingstürme des World Trade Centers und der 120 Meter hohe neugotische Turm des Woolworth Building, das damit eine Gesamthöhe von 238 Metern erreicht und von 1913–1930 das größte Gebäude der Welt war, bis das Chrysler-Gebäude fertiggestellt wurde. Vom Battery Park aus, nach den dort zum Schutz des Hafens aufgebauten Kanonen benannt, hat man schöne Ausblicke auf die Umgebung. Die Freiheitsstatue, die Frankreich der jungen Demokratie schenkte, steht im Hafen. Die Atmosphäre des alten Hafenviertels und einige Gebäude aus dem 19. Jahrhundert sind im South Street Seaport bewahrt worden, wo sieben historische Segelschiffe vertäut liegen. Im Osten befindet sich die 479 Meter lange Brooklyn Bridge, die zur Zeit ihrer Fertigstellung im Jahre 1883 die längste Hängebrücke der Welt war.

❖ Washington D. C.

Washington D.C. liegt auf sanften Hügeln und wird von den Wassern des Potomac umschlossen. Wie es seine Gründer seinerzeit beabsichtigten, wurde es nach und nach zur politischen Hauptstadt der Welt. Der Regierungssitz war weder Norden noch Süden, so daß alle Mitglieder des neuen Staatenbundes diese Hauptstadt als die ihre akzeptieren konnten. Die großzügige, eindrucksvolle Architektur verlieh der revolutionären Idee einer vom Volk gewählten Regierung Gestalt. Prachtvolle Boulevards schneiden sich durch das geradlinige Straßengitter und laufen an der riesigen Mall zusammen, die am einen Ende vom kuppelförmigen, neoklassizistischen Capitol, am anderen von der Marmorsäule des George Washington Memorials begrenzt wird. Getreu dem demokratischen Gedanken bieten die vielen Museen, die am Rande der grünen Mall liegen, ein Gratisstudium der Weltkultur an und laden jedermann ein, diese großartigen Quellen zu nutzen.

❖ Atlanta

Die 1836 im Norden Georgias als Zentrum der Western & Atlantic Railroad gegründete Siedlung wurde ursprünglich „Terminus" genannt und nahm 1845 den lyrischen Namen „Atlanta" an. Durch seine zentrale Rolle in den Südstaaten wurde es während des Bürgerkriegs zur Hauptzielscheibe der Unionstruppen. 90 Prozent der Stadt wurden am 15. November 1864 von den Truppen des Generals Sherman niedergebrannt. Atlanta wurde wiederaufgebaut, wählte als Siegel den aus der Asche wiedererstandenen Phönix und als Motto „Resurgence" („Wiedererporkommen"); 1868 wurde es zur Hauptstadt des Bundesstaates. Die komplexe, moderne Skyline Atlantas symbolisiert seine Rolle als führendes Handelszentrum des Südostens.

❖ Chicago

Chicago, die drittgrößte Stadt der Vereinigten Staaten, ist das geographische und finanzielle Zentrum des amerikanischen Herzlandes. Durch den Ausbau des Verkehrssystems wurde Chicago zum wirtschaftlichen Mittelpunkt und befähigte die Stadt, beim Handel mit landwirtschaftlichen und handwerklichen Erzeugnissen sowie als internationaler Handelsplatz eine zentrale Rolle zu spielen. Der große Brand, der Chicago 1871 verwüstete, ermöglichte auch Fortschritte in Städteplanung und Architektur. Beim Wiederaufbau wurde der Wolkenkratzer entwickelt und verbessert. So konnte diese Stadt zu einem Sinnbild moderner Architektur werden. Die imposanten Gebäude der „Goldküste" säumen den Lake Shore Drive, der sich, aufgelockert durch Parks und Museen, fast 200 Kilometer am Ufer des Michigan Sees hinzieht.

Links: Luftaufnahme vom Lake Michigan und der Skyline von Chicago

Unten rechts: Das Wrigley Building wurde 1921 aus weißem Terrakotta erbaut; es erhebt sich über den Chicago River an der Michigan Avenue Bridge.

Unten links: Der phantasievolle Water Tower wurde 1869 errichtet, um ein 40 Meter hohes Standrohr zu verbergen. Heute dient er als Sitz des Chicago Tourism Council, worauf auch das große rote Schild hinweist.

Vorherige Doppelseite: Die Skyline von Manhattan.

Gegenüber:

Oben links: Das Denkmal des Vietnamkriegs wurde erst vor wenigen Jahren errichtet.

Oben rechts: Sonnenaufgang über dem Washington Memorial.

Unten: Atlantas Skyline bei Sonnenuntergang.

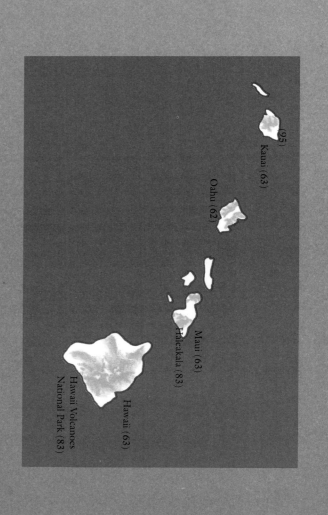

Kauai (63)

(95)

Oahu (62)

Maui (63)
Haleakala (83)

Hawaii (63)

Hawaii Volcanoes
National Park (83)

Aleutian Islands

Walrus Islands (60)

Bering Sea

Bristol Bay

Alaska Peninsula

Denali National Park (41–43)

ALASKA

Kenai Fjords (61)

Wrangell St. Elias (79–81)

Glacier Bay (58–59)